C.H.BECK WISSEN

in der Beck'schen Reihe

W0179069

«Was wir als Anfänge glauben nachweisen zu können, sind ohnehin schon ganz späte Stadien.» Dieses Diktum aus den *Weltgeschichtlichen Betrachtungen* Jacob Burckhardts gilt auch für die deutsche Verfassungsgeschichte: Lange bevor auch nur der Begriff «Deutschland» entstand, wurden in antiken und frühmittelalterlichen Gesellschaften in Gestalt von Rechts- und Friedensregelungen erste Voraussetzungen für die Entstehung von Staatlichkeit geschaffen. So setzt Dietmar Willoweit konsequenterweise an diesem Punkt ein und führt von dort aus seine Leser Schritt für Schritt durch die deutsche Verfassungsgeschichte von ihren Ursprüngen bis zur Gegenwart: Er macht sie in seinem wunderbar verständlich und anregend geschriebenen kleinen Buch vertraut mit geistlicher und weltlicher Herrschaft, mit politischem und theologischem Denken und seiner Bedeutung für die Staatslehre, mit Kategorien wie Obrigkeit und Reich, mit wirkmächtigen Entwicklungen wie jener vom Absolutismus zur Aufklärung, mit den Anfängen deutscher Verfassungsstaatlichkeit im 19. Jahrhundert, der Entstehung des Kaiserreichs 1871, der Weimarer Republik als Frucht der Revolution von 1918 und mit dem Weg Deutschlands durch zwei Diktaturen zur heutigen Demokratie auf der Basis des Grundgesetzes.

Dietmar Willoweit lehrte bis zu seiner Emeritierung Deutsche Rechtsgeschichte, Bürgerliches Recht und Kirchenrecht an der Universität Würzburg. Von 2006 bis 2010 war er Präsident der Bayerischen Akademie der Wissenschaften. Von demselben Autor ist im Verlag C.H.Beck u. a. lieferbar: *Deutsche Verfassungsgeschichte. Vom Frankenreich bis zur Wiedervereinigung Deutschlands* ([6]2009).

Dietmar Willoweit

REICH UND STAAT

Eine kleine deutsche Verfassungsgeschichte

Verlag C.H.Beck

Mit einer Zeittafel auf der
vorderen und hinteren Umschlaginnenseite

Originalausgabe
© Verlag C. H. Beck oHG, München 2013
Satz: Fotosatz Amann, Aichstetten
Druck und Bindung: Druckerei C. H. Beck, Nördlingen
Umschlagentwurf: Uwe Göbel, München
Umschlagabbildung: Deutscher Reichsadler,
um 1875. akg-images, Berlin
Printed in Germany
ISBN 978 3 406 64615 7

www.beck.de

Inhalt

Einführung

Staaten sind nicht nur Gegenwart, sondern Ergebnisse ihrer Geschichte, die ihr Erscheinungsbild, das politische Denken ihrer Bürger und das Verhalten ihrer Regierungen prägt. Das gilt auch für Deutschland. Dieses Buch handelt daher von der geschichtlichen Entwicklung der deutschen «Verfassung» seit den fernen Zeiten des Mittelalters. Unter einer «Verfassung» verstehen wir heute ein Dokument, dessen Text die elementaren, allen sonstigen Gesetzen übergeordneten rechtlichen Grundlagen eines Staates regelt. Solche Verfassungstexte moderner Art gibt es in der Geschichte der europäischen Staatenwelt erst seit der zweiten Hälfte des 18. Jahrhunderts. Die deutsche Sprache kennt aber seit jeher auch einen Begriff von «Verfassung», der nicht einen bestimmten Text, sondern die Verfassung einer Person, einer Gesellschaft, auch staatlicher Verhältnisse meint, also deren «Verfasstheit». In diesem Sinne wollen wir nach den Verfassungszuständen unseres Landes vor den geschriebenen Verfassungen fragen. Damit ist dem Sprachsinne nach das rechtlich geordnete Gemeinwesen gemeint, also die Sphäre des Politischen, an der fast alle Glieder einer Gesellschaft als Handelnde oder Betroffene teilhaben. Unter der Verfassung eines Staates soll daher die Summe derjenigen rechtlichen Regeln und Strukturen zu verstehen sein, die das Gemeinwesen und damit die politische Ordnung prägen. Sinn dieses Buches ist es, in der Geschichte jene Institutionen und Verfahren zu beschreiben, die aus heutiger Sicht als Entwicklungsstufen der Staatlichkeit in Deutschland die Gesellschaft organisierten und bis heute für unser politisches Denken maßgebend geblieben sind.

I. Innergesellschaftliche Anfänge:
Das Recht und die Gerichte

Unter «Recht» verstehen wir heute ein System von Normen, die vom Staat in Gestalt von Gesetzen erlassen worden sind und durch die Rechtsprechung der höchsten Gerichte ständig im Detail ergänzt und verfeinert werden. «Normen» sind abstrakte, also nicht nur für einen Einzelfall gedachte, allgemeine, also gegenüber jedermann geltende Regelungen. Sie bilden im Staate ein «System», das den Anspruch erhebt, alle regelungsbedürftigen Lebensverhältnisse vollständig und widerspruchsfrei zu ordnen.

Recht ist jedoch keine Erfindung des Staates, sondern aus innergesellschaftlichen Wurzeln hervorgegangen, ohne die der evolutionsgeschichtliche Erfolg der sich organisierenden Menschengruppen nicht zu erklären ist. Gewalt musste begrenzt, Kooperation gesichert werden. Denkt man diese elementaren Mechanismen des Rechts weg, entsteht vor unseren Augen ein Szenarium willkürlicher Gewalt. Eine Gesellschaft, in der Verletzungen der Person und ihrer Güter sanktionslos hingenommen werden müssen, ist als eine rechtlich geordnete nicht vorstellbar. In ihr herrscht die Gewalt des Stärkeren. Ebenso wenig ist eine dauerhafte soziale Kommunikation ohne die Verbindlichkeit vertraglichen Einvernehmens denkbar. Große Rechtsdenker haben es daher unternommen, Recht aus der Individualität und den sich daraus ergebenden intersubjektiven Beziehungen herzuleiten: Hugo Grotius, Immanuel Kant, Johann Gottlieb Fichte und selbst Hegel, um nur einige zu nennen. Kants geniale Definition des Rechts eignet sich nicht nur als Grundlage eines menschenrechtlichen Programms moderner Prägung, sondern erschließt auch das Verständnis ältester Rechtsordnungen: «*Eine jede Handlung ist recht, die oder nach deren Maxime die Freiheit der Willkür eines jeden mit jeder-*

manns Freiheit nach einem allgemeinen Gesetze zusammen bestehen kann.»

Erstes Zeugnis des Rechtsbewusstseins ist die Rache. Vormenschlichen Primaten ist sie fremd. Rache setzt voraus, dass ein Eingriff in die Sphäre der Persönlichkeit und ihrer Güter als Unrecht begriffen wird, das gesühnt werden muss. Als Akt gewalttätiger Selbsthilfe gefährdet sie jedoch den inneren Frieden einer Gemeinschaft. An Texten des frühen Mittelalters lässt sich noch ablesen, wie das Recht dazu diente, Gewalt zu vermeiden. Die im frühen 6. Jahrhundert entstandene fränkische *Lex Salica* erklärt als ihr Ziel ausdrücklich die Bewahrung des Friedens unter den Stammesangehörigen. Der langobardische König Rothari betont im 7. Jahrhunderts ausdrücklich, er habe in seinem Gesetz deshalb höhere Bußleistungen festgesetzt, damit die Fehde vermieden und nach Erledigung der Sache wieder Freundschaft herrsche. Was in diesen und verwandten Gesetzen des frühen Mittelalters festgehalten worden ist, sind vor allem in abgestuften Geldbeträgen ausgedrückte Sanktionen für Gewalttaten aller Art – vom Diebstahl der verschiedensten Haustiere über vielerlei Arten von Verstümmelungen und Verletzungen bis zu Totschlag und Mord. Nicht blutige Strafen stehen am Anfang der Rechtsgeschichte, sondern Ausgleichsleistungen in Gestalt von Vermögenswerten. Wohl fand man immer Gründe, Menschen auch hinzurichten. Karl der Große droht den gerade getauften Sachsen die Todesstrafe für den Abfall vom christlichen Glauben an. Und wer für einen Totschlag keinen Vermögenswert als Ausgleich anzubieten hatte, musste gleichfalls mit dem Tode rechnen. Das brauchte man nicht zu regeln. Das vorrangige rechtspolitische Ziel war jedoch, Strafen an Leib und Leben zu vermeiden. Denn blutige Rache üben konnten die Betroffenen selbst, und genau das sollte zur Erhaltung des Friedens verhindert werden.

Der Ort friedlichen Ausgleichs ist das Gericht. Wenn es zu Beginn der ältesten römischen Rechtsquelle, im Zwölftafelgesetz aus dem 5. Jahrhundert v. Chr., heißt, *«Si in ius vocat ito»* (Wenn du vor Gericht gerufen wirst, sollst du gehen), dann klingt das wenig aufregend. Diese Pflicht kennt jeder Staat.

Aber gleich darauf wirft der Text ein grelles Licht auf das Umfeld dieses Gesetzes: Wer nicht geht, den darf der Kläger unter Zeugen ergreifen und vor Gericht bringen. Es gibt noch keinen Polizeiapparat, der diese Aufgabe übernehmen könnte. Dem Kläger ist Gewaltanwendung erlaubt, um eine gerichtliche Entscheidung zu ermöglichen. Andernfalls, so ist zu befürchten, würde er sein Problem selbst gewaltsam gegen den Beschuldigten lösen wollen. Für die Entstehung von Gerichten genügt das gesellschaftliche Bedürfnis, Frieden zu wahren und Gewalt zu vermeiden. Gerichte gehen aus der Mitte der Gesellschaft hervor. Sie entstehen als Versammlung der wehr- und damit rachefähigen Männer. Man mag sie sich in diesem Rahmen ursprünglich auch als Tätigwerden einiger Schiedsleute vorstellen. Wer seinen Blick auf die indigenen, nicht staatlich organisierten Völker unserer Gegenwart mit ungefähr vergleichbarem Entwicklungsstand wirft, wird dort verwandte Mechanismen bemerken. Die Rechtsethnologie weiß von verschiedenen Wegen zu berichten, wie «akephale», das heißt vorstaatliche Gesellschaften ihren Binnenfrieden zu erhalten und im Falle seiner Verletzung wiederherzustellen wissen. Die Parallelen zur frühmittelalterlichen Geschichte können erstaunlich sein. Auch solche Sippen- und Stammesverbände verstehen ihre soziale Ordnung, wie die ethnologische Forschung betont, als eine solche rechtlicher Art, weil sie für alle Beteiligten verbindlich ist.

Das Gerichtswesen bleibt während des ganzen Mittelalters und weit in das 16. Jahrhundert hinein Grundlage und Rückgrat der öffentlichen Ordnung. Allerdings haben die Gerichte mit der Herausbildung politischer Strukturen seit frühmittelalterlicher Zeit eine institutionelle Verfestigung erfahren, in der sich die Stabilisierung von Königtum, Adel und kirchlichen Einrichtungen widerspiegelt. Gerichte sind zwar weiterhin die soziale Plattform innergesellschaftlicher Konfliktregulierung, zugleich aber auch ein Ort der Selbstdarstellung großer und kleiner Herren. Daraus ergab sich die organisatorische Unterscheidung zwischen dem vorsitzenden Richter und den Urteilern, die den Konflikt zu entscheiden hatten. Sofern zur Durchsetzung der gerichtlichen Autorität Gewalt anzuwenden war, etwa weil die Gerichtspflichtigen oder die Beklagten nicht vor Gericht erschienen oder ein Urteil durchgesetzt werden musste, griff der Gerichtsherr oder der von ihm eingesetzte Amtsträger ein. Zu seinen Aufgaben gehört auch, das Verfahren zu leiten und das Urteil zu erfragen. Die Urteiler dagegen sind noch lange Persönlichkeiten aus dem Kreise der Teilnehmer einer Gerichtsversammlung («Dinggenossen»). Aber schon Karl der Große erkannte, dass die Urteilsfindung immer denselben Personen obliegen sollte, weil nur so Kontinuität und damit Gleichheit vor dem Gericht gesichert werden konnte. Seitdem beherrschen Schöffen das Erscheinungsbild der Gerichtsbarkeit sowohl auf dem flachen Lande wie in den Städten.

Der ursprüngliche Zweck der Gerichtsbarkeit, den durch Gewalt oder aus anderen Gründen gestörten inneren Frieden durch sühnende Ausgleichsleistungen wiederherzustellen, ist niemals in Vergessenheit geraten und selbst noch im 17. Jahrhundert lebendig. Die Aufbringung einer solchen *compositio* in Gestalt von Vermögenswerten dürfte für den Täter oft schwierig gewesen und vielfach nur mit Unterstützung der Großfamilie gelungen sein. Als Alternative war die Selbstverknechtung nicht unbekannt. Das Leben des Rechtsbrechers zu schonen, lag auch aus religiösen Gründen nahe. Dem sündigen Christen sollte die Möglichkeit geistlicher Buße nicht genommen werden, wie besonders die aus dem fränkischen Reich zahlreich überlieferten Bußbücher zeigen. Aus dem quellenreicheren Spätmittelalter sind Fallgeschichten überliefert, in denen die materielle Sühneleistung mit persönlichen Bußübungen einhergeht: Der Täter muss nicht nur zahlen, sondern auch barfuß im Büßerhemd mit brennender Kerze vor der Kirche oder am Grabe des Getöteten stehen, strenge Fastengebote befolgen, eine Wallfahrt auf sich nehmen, ein Sühnekreuz am Tatort setzen und Messen lesen lassen. Erstaunlicherweise kommen solche vor den weltlichen Obrigkeiten vereinbarten oder verhängten Sanktionen vor allem in Nachrichten über die Sühne von Totschlägen vor. Man hegte ein gewisses Verständnis für den «ehrlichen» Gewalttäter, der aus Zorn oder im Streit zugeschlagen und dabei vielleicht sogar Waffen benutzt hatte. Aber es waren in der Regel «Nachbarn», Mitbürger also, denen solche Sühnen auferlegt wurden, die auch Kosten verursachten und ohne Geldleistungen an die Opfersippe kaum denkbar sind. Am Ende des 16. Jahrhunderts gerieten die Sühneverträge in Verruf. Niemand sollte sich «loskaufen» dürfen. Jeder Straftäter, gleich welchen Standes, war einer Bestrafung an Leib oder Leben zuzuführen.

II. Frühe Formen politischer Organisation im Mittelalter

1. Das Königtum als Voraussetzung einer Friedensordnung

Schon die germanischen Stämme der Völkerwanderungszeit drangen unter Königen in das römische Reich ein. Könige führten das Heer in den Krieg und machten nach römischem Vorbild und gewiss mit Unterstützung römischer Juristen Gesetze, nachdem sie sich niedergelassen hatten. Auch im Frankenreich erscheint das Königtum von Anbeginn als eine allgemein anerkannte Institution. Unverkennbar ist ihr sakraler Charakter. Könige vermittelten in alten Kulturen den Kontakt zu den Gottheiten, die Fruchtbarkeit und gute Ernten im Frieden ebenso gewährten wie Siege im Krieg. Solche Vorstellungen konnten nicht nur durch die geistliche Salbung in das christliche Weltbild integriert werden, sondern sie entsprachen auch einer sozialen Realität. Denn indem die Herrscher bestrebt waren, ihren Einflussbereich auszuweiten, um möglichst alle Stammesgenossen ihrer Gewalt zu unterwerfen, schufen sie große befriedete Räume mit weit entfernten Außengrenzen – zugleich Ausdruck eines auf Expansion gerichteten Machtwillens. An der *pax Romana* des römischen Reiches lassen sich die Wirkungen eines sogar völkerübergreifenden Eroberungsstrebens wie an einem Modell studieren. Auch Karl der Große, dessen Reich sich von Mittelitalien bis an die Nordsee und an den Atlantik erstreckte, ließ sich von solchen Vorstellungen leiten. Später, als das West- und Ostfrankenreich seit 843 getrennt waren und letzteres an der Schwelle zum 10. Jahrhundert zu zerfallen drohte, haben sich die mächtigsten und einst verfeindeten Stämme, Franken und Sachsen, für eine prekäre Einheit unter einem gemeinsamen König nicht ohne Grund entschieden. Für mehr als zwei Jahrhunderte regierten seit Heinrich I. mit den Liudolfingern (Ottonen) und den Saliern ausschließlich Herrscher sächsischer und fränkischer Herkunft das Reich. So begann der Weg in die gemeinsame deutsche Geschichte. Erst im 11. Jahrhundert spricht man im Ausland vom Reich der Deutschen (*regnum Teutonicum* oder *Teutonicorum*).

Der König steht für Frieden und Recht. Sichtbares Instrument und Symbol dieser Aufgabe ist das Königsgericht, eine mobile Institution, da der Königshof ohne dauerhafte Residenz durch die Lande zieht. Es war nicht nur notwendig, auf die begrenzten Ressourcen der einzelnen Königspfalzen Rücksicht zu nehmen, sondern auch Präsenz zu zeigen. In weniger königsnahen Regionen, wie in Bayern, Schwaben und Lothringen, nahmen Herzöge eine Art vizekönigliche Funktion wahr. Seinem eigenen Gericht sitzt der König nicht nur vor, er urteilt hier auch gemeinsam mit den Großen des Reiches über die vor ihn getragenen Streitsachen und Rechtsfragen. Wohin er kommt, werden ihm alle Gerichte «ledig», wie der Sachsenspiegel sagt, das im frühen 13. Jahrhundert entstandene Rechtsbuch des gerichtserfahrenen Eike von Repgow, das erstmals eine breit angelegte Aufzeichnung der in den Gerichten an der mittleren Elbe beobachteten Rechtsgewohnheiten enthält.

Die angedeuteten Umstände, unter denen das Königtum der Deutschen entstand, ließ, anders als im Westfrankenreich, eine «geborene» Königsdynastie nicht aufkommen. Vom Geschlecht der Karolinger hatte man sich schon verabschiedet. Nun galt es, sich nach dem Tode des Königs immer wieder von Neuem auf einen Nachfolger zu einigen, wollte man nicht das Risiko eines blutigen Machtkampfes auf sich nehmen, wie er später gelegentlich bei der Wahl von Gegenkönigen ausbrach. Die Königswahl blieb bis zum Ende des Reiches ein fundamentales Verfassungsprinzip auch in solchen Epochen, in denen faktisch nur eine Dynastie den Thron besetzte. Dann ist es das «Königsheil» der erfolgreichen Vorgänger und der Einfluss ihrer Anhängerschaft, die immer wieder für dynastische Kontinuitäten über mehrere Generationen sorgen. Unter solchen Bedingungen gerät der Wahlakt zur Formalität; auch die Designation des Sohnes durch den Vater kommt vor. Aber die Notwendigkeit der Wahl bleibt im Prinzip anerkannt und wird offenkundig dann, wenn ein Erbe nicht vorhanden und ein Dynastiewechsel zu vollziehen ist. Allein das Faktum der Königswahl hat den großen geistlichen und weltlichen Herren im Reich einen Rang verschafft, der sich mit einer unmittelbaren Königsherrschaft nicht vertrug. Zunächst war der Kreis der Königswähler nicht geschlossen. Über die Entstehung des Kurfürstenkollegiums im Laufe des 13. Jahrhunderts wird in der Wissenschaft lebhaft diskutiert. Dieser exklusiven Versammlung von sieben Königswählern gehörten die drei Erzbischöfe von Mainz, Köln und Trier, ferner der Pfalzgraf bei Rhein, der Herzog von Sachsen, der Markgraf von Brandenburg und der König von Böhmen an, während die führenden Geschlechter Bayerns, Schwabens und Lothringens zuschauen mussten. Eine Repräsentanz aller Landschaften des Reiches lag nicht in der Absicht der Zeitgenossen. Daher liegt eine auf genealogischen Forschungen beruhende Erklärung nahe: Das Königswahlrecht der vier weltlichen Kurfürsten ist aus ihrer Abstammung von Töchtern Heinrichs I. hervorgegangen. Ihre mit dem Charisma des ältesten königlichen Geschlechts begabten Nachkommen konnten auch in späteren Generationen für sich eine besondere Qualifikation beanspruchen, über die Person des nächsten Königs zu entscheiden. Seit 1356 regelte die *Goldene Bulle* das Königswahlrecht und die Rechtsstellung der Kurfürsten.

Der Aufgabe des Königtums, Frieden und Recht zu wahren, stand während des ganzen Mittelalters der Anspruch des Adels gegenüber, sein Recht mit der Waffe zu erzwingen. Wegen der immer wieder zum Ausbruch kommenden Bereitschaft, gleich Gewalt anzuwenden statt vor Gericht zu ziehen, hätte die seit der fränkischen Zeit aufgebaute Gerichtsbarkeit ihre Effizienz weitgehend einbüßen können. Im Westfrankenreich haben daher seit dem späten 10. Jahrhundert Bischöfe den nicht wenigen Rechtsbrechern Exkommunikation und Exilierung angedroht, wenn sie nicht zu Genugtuung und Buße vor Gericht bereit waren. Für diese Politik fanden sie auch adelige Unterstützer. «*Gottesfrieden*» nannte man solche, gegen unbelehrbare Gewalttäter gerichtete Vereinbarungen. Sie wagten zwar nicht, die Fehde generell zu verbieten, schrieben aber ihre Beschränkung auf einige Wochentage vor und erklärten kirchliche Fest- und Fastenzeiten für gewaltfrei. Daraus entstand eine politische Bewegung, die im Jahre 1083 Köln erreichte, wo der Erzbischof einen umfassenden Gottesfrieden aushandelte, der nicht nur die endgültige Verstoßung und Beerbung von Totschlägern, sondern für manche Fälle auch blutige Strafen vorsah. Schon aus dem Jahre 1103 datiert die erste Nachricht über einen vom deutschen König, Heinrich IV., mit vielen Fürsten beschworenen Frieden. Nun treten harte Strafen, die abschrecken sollen, ganz in den Vordergrund: Brandstifter, Räuber, Totschläger, Diebe wertvoller Güter sollen Auge oder Hand verlieren. Beschworene «*Landfrieden*» bilden seitdem ein zentrales Ziel königlicher Rechtspolitik. Bald drohen sie Totschlägern und Dieben auch die Todesstrafe an. Damit wird den von einem Verbrechen Betroffenen eine Alternative zu vielleicht schwierigen Sühneverhandlungen angeboten. Ausgeschlossen waren diese aber nur dann und eine blutige Strafe verwirkt, wenn ein schwerwiegender Friedensbruch die öffentliche Sicherheit gefährdete und die Gerichtsherrschaft herausforderte.

2. Das antike Erbe: Die römische Kirche und das römische Kaisertum

Die Herausbildung der europäischen Staaten seit dem frühen Mittelalter ist nicht allein das Ergebnis einer Evolution, in deren Verlauf allmählich komplexere Formen gesellschaftlicher Organisation die einfachen Mechanismen der älteren Zeit verdrängt hätten. Von Anbeginn haben in Europa die weit entwickelten

Hochkulturen der Antike den Charakter der mittelalterlichen Welt wesentlich mitbestimmt. Dazu trug entscheidend die Kirche bei, weil sie die wichtigsten Strukturen ihrer Verfassung noch unter den Bedingungen des römischen Reiches gefunden hat. Schon wenige Jahre nach dem Religionsedikt Kaiser Konstantins und seines Mitkaisers Licinius vom Jahre 313, das den Christen freie Religionsausübung gewährte, hat das vom Reichsoberhaupt einberufene Konzil von Nicaea 325 nicht nur ein gemeinsames Glaubensbekenntnis festgeschrieben. Es setzt bereits die Existenz einer an das römische Provinzialsystem angelehnten Kirchenverfassung mit Metropoliten an der Spitze der Provinzen voraus. Als sich zu Beginn des 6. Jahrhunderts die Franken taufen ließen, war das territoriale Organisationsprinzip der Kirche nach dem Vorbild der römischen Verwaltung längst selbstverständlich geworden und bald auch in den Pfarrsprengeln präsent.

Den *canones* genannten Beschlüssen des Konzils von Nicaea ist noch eine andere Nachricht zu entnehmen, die für die weitere Entwicklung der Kirchenverfassung von größter Bedeutung werden sollte. Die Konzilsväter hielten fest, dass die besondere Autorität der Bischofssitze von Alexandrien, Rom und Antiochien unangetastet bleiben solle. Es ist die früh anerkannte apostolische Tradition, die in den Augen der Zeitgenossen angesichts vieler theologischer und administrativer Zweifelsfragen die Rechtgläubigkeit jener Ortskirchen gewährleistete und dort den Nachfolgern im Bischofsamt eine herausragende Stellung verschaffte. Damit wuchs Rom im Abendland eine geistliche Führungsrolle ohne Konkurrenz zu, da die Anwesenheit und den Tod des Apostels Petrus in der Hauptstadt des römischen Reiches niemand bestritt. So spiegelte die hierarchische Verfassung der abendländischen Kirche mit der besonderen Stellung des römischen Bischofs, mit ihren Metropolitanbezirken und Ortsbischöfen ziemlich genau das Verwaltungssystem des untergegangenen Reiches wider. Zu dieser antiken Prägung der Kirche gehörte auch die Fortdauer der Schriftlichkeit wichtiger Vorgänge in ihren höheren Rängen, die Bewahrung der Latinität und damit des Zugangs zur römischen Literatur und nicht zuletzt das Instrument der Gesetzgebung. Auch in den *canones* der Konzilien ebenso wie in päpstlichen Entscheidungen («Dekretalen») spiegelt sich die politische Praxis des späten römischen Reiches wider. Das Vorbild der Kaisergesetzgebung lehrte, wie durch hoheitliche Regelungen einzelner Probleme gesellschaftliche Verhältnisse gestaltet werden konnten.

Die Kirche vermittelte nicht nur einen neuen Glauben, sondern zugleich auch Grundsätze der Lebensführung. Frühzeitig gehören zu den wichtigsten Themen des Kirchenrechts Fragen der Klerikerdisziplin, die Erfüllung der Sonntagspflicht, die Begrenzung erlaubter Ehen durch das Inzestverbot. Die fränkischen Konzilien wandten sich gegen Frauenraub, heidnische Kulte, Ehen mit Juden. Die Aufmerksamkeit der Kirche richtete sich besonders auf solche Vergehen, deretwegen eine Klage vor dem weltlichen Gericht nicht zu erwarten war, wie bei Verwandtenmord oder unbeabsichtigter Tötung eines eigenen Kindes. Da jede Verfehlung nicht nur das Seelenheil des Sünders gefährdete, sondern Gottes Zorn nach sich zog, wie in Kriegen, Hungersnöten und anderem Unglück zu erfahren war, so galt es, Buße zu tun und Sünden überhaupt zu vermeiden. Von dieser Kausalität waren die Menschen bis an die Schwelle der Aufklärung überzeugt, und ohne diesen Gedanken sind manche Vorkehrungen in der mittelalterlichen Gesellschaft nicht zu verstehen. Im Zuge des fortschreitenden Ausbaus der kirchlichen Institutionen tritt das Ziel einer umfassenden Sündenkontrolle immer deutlicher in Erscheinung. Im letzten Drittel des 9. Jahrhunderts unternehmen Bischöfe alljährlich Rundreisen durch ihre Diözesen, um nach Verfehlungen zu fragen und Bußen zu verhängen. Auf diese Weise entsteht ein besonderer Typus kirchlicher Gerichtsbarkeit, das Sendgericht, in dem vereidigte Sendzeugen über anstößige Vorgänge im Lebenswandel des Pfarrklerus und der Gemeindeangehörigen zu berichten haben.

Die ganz verschiedenen Quellen entnommenen Rechtsnormen und Grundsätze ließen sich nicht immer miteinander vereinbaren. So erlaubte das römische Recht dem Ehemann, seine in seinem Hause beim Ehebruch angetroffene Ehefrau zu töten.

Papst Nikolaus I. lehnte dieses Tötungsrecht ab und wies darauf hin, dass die Kirche an das weltliche Recht nicht gebunden sei. Die Kirche töte nicht. Der ostfränkische Gelehrte Hrabanus Maurus war daher der Meinung, für einen solchen Totschlag habe der Ehemann eine Buße auf sich zu nehmen. Regino von Prüm dagegen nimmt in sein Sendhandbuch das römische Tötungsrecht des Ehemannes auf. Wahrscheinlich entsprach es einer auch bei den Germanen nicht unbekannten Sitte. Der Versuch von Kirchenmännern, diese gewalttätige Praxis zu unterbinden und damit zugleich Männer und Frauen bei Totschlägen gleich zu behandeln, war also nicht generell von Erfolg gekrönt. In anderen Fällen hat das Christentum dazu beigetragen, archaische Grausamkeit zu mildern. Die Tötung oder Aussetzung gerade geborener Säuglinge dürfte in vorchristlicher Zeit nicht ungewöhnlich gewesen sein. Regino von Prüm erlaubte nur noch, ungewollte Kinder auf der Kirchentreppe niederzulegen, wo sie die Chance hatten, adoptiert zu werden.

Auch die mittelalterliche Kaiserwürde gewann ihre Legitimität allein aus der römischen, am Ende zugleich christlichen Tradition. Seitdem der letzte Kaiser des weströmischen Reiches in jugendlichem Alter von Odoaker, einem germanischen Heerführer in römischen Diensten, 476 abgesetzt worden war, hat es nicht an vielen Versuchen gefehlt, dieses Kaisertum zu restaurieren. Dazu ermunterte nicht nur der Blick auf die fortdauernde Existenz Ostroms mit seiner sich prachtvoll entwickelnden Kaiserresidenz Konstantinopel. Es waren die kulturellen Gemeinsamkeiten und die lateinische Sprache der in den Provinzen angesiedelten römischen Bevölkerung, die trotz der inzwischen entstandenen germanischen Königtümer die Wiederherstellung des Reiches als eines übergreifenden politischen Systems unter einem Reichsoberhaupt nahelegten. Mit der Kaiserkrönung Karls des Großen am Weihnachtstage des Jahres 800 war dieses Ziel erreicht. Wie in Konstantinopel der dortige Patriarch, so nahm in Rom der Papst die Krönung vor. Dabei mag Karl, wie in den Quellen angedeutet, dieses Verfahren bedenklich vorgekommen sein. Aber er hat sicher nicht am Sinn der Kaiserwürde gezweifelt, verdiente sein *Imperium* seit der Unterwerfung der

Langobarden in Nord- und Mittelitalien doch nicht weniger Respekt als das der oströmischen Monarchen. Denn das Kaisertum ist im Denken der Zeitgenossen auch Ausdruck realer Macht und mit der völkerübergreifenden Reichsidee untrennbar verbunden. «Kaiser» leitet sich von *caesar* her und bedeutet soviel wie *imperator*, der ein *imperium* beherrscht. Diesen Anspruch machte sich der Sachse Otto I. zu eigen, als er im Jahre 936 in Aachen den Thron Karls bestieg, und er löste ihn ein, als es ihm gelang, 955 auf dem Lechfeld die regelmäßig einfallenden Ungarn zu besiegen. Wenige Jahre später, 962, erhielt er in Rom die Kaiserkrone. Jetzt verband sich mit dem Kaisertum auch die Aufgabe der *defensio ecclesiae Romanae*, des Schutzes der Kirche Roms und damit des Papsttums.

Von nun an kehrt die von der Forschung so genannte «Romidee» in der Politik der mittelalterlichen Kaiser immer wieder. Lange bevor die Renaissance im 15. und 16. Jahrhundert eine umfassende kulturelle Wiedergeburt der Antike in neuen Formen bewirkte, fühlten sich die gekrönten Häupter des Reiches als Nachfolger der römischen Imperatoren. Otto III. (983–1002) verstand sich als Kaiser der Römer, bezog einen Palast in Rom und setzte sich das politische Ziel einer *renovatio imperii*, also einer Erneuerung des römischen Reiches. Mit der Errichtung der polnischen Kirchenprovinz Gnesen im Jahre 999 griffen seine politischen Aktivitäten im Einvernehmen mit dem polnischen Herrscher bewusst über die bisherigen Grenzen des Reiches hinaus. Seitdem mit Konrad III. (1138–1152) die Dynastie der Staufer die politische Bühne betreten hatte, sprach man ausdrücklich wieder vom *imperium Romanum*. Kaiser Friedrich I. Barbarossa (1152–1190) scheute sich auch nicht, das in der Spätantike für hochpolitische Tatbestände, z. B. Gesetze, gebrauchte Adjektiv «heilig» auf das Reich zu beziehen, war doch auch in Ostrom der Begriff des *sacrum imperium* geläufig. Wahlweise wird nun der römische Charakter des Reiches oder seine «Heiligkeit» betont. Die Verbindung beider Aspekte in dem dann für Jahrhunderte maßgebenden Reichstitel «*Heiliges Römisches Reich*» ist erst aus dem Jahre 1254 belegt. Doch im Denken des mittelalterlichen Menschen schwang auch die Überzeugung mit, dieses römische Reich, in dem Gott Mensch geworden war, sei das letzte vor der Wiederkunft Christi und auf die Deutschen übertragen worden *(translatio imperii)*.

Das Kaisertum ist also nicht nur machtpolitisch zu verstehen. Es umfasst als wichtigstes Element die Legitimation, also Rechtfertigung und Begründung politischer Herrschaft. Sie bildet die Grundlage des Verfassungswesens einer Gesellschaft, an deren Qualität sich seine Stabilität oder Brüchigkeit erweist. Im 12. Jahrhundert hatte sich nun die Chance geboten, das überkommene Sakralkönigtum durch ein rationales Herrschaftsverständnis abzusichern. Im Jahre 1158 ließ Friedrich I. während eines Hoftages auf den Ronkalischen Feldern bei Piacenza von italienischen, am römischen Recht geschulten Gelehrten (II. 4) seine kaiserlichen Rechte verkünden. Zu diesen *regalia* gehörten demnach öffentliche Anlagen wie Wege, schiffbare Flüsse, Häfen und Ufer; sodann genuin hoheitliche Rechte, wie Münzstätten, Zölle, Strafgelder; ferner herrenlose Güter und solche von Geächteten; das Recht, Beamte einzusetzen und anderes mehr. Besonders hervorheben ließ der Kaiser aber den in dieser Form neuartigen Grundsatz, dass alle Gerichtshoheit und Rechtsgewalt *(omnis iurisdictio et omnis districtus)* beim Herrscher liege und jeder Richter sein Amt mit Ablegung eines Eides vom Herrscher empfangen müsse. Hatten sich bis dahin Gerichte unter dem Schutz lokaler Herren bilden können, so mussten sie sich zukünftig unter dem Reichsoberhaupt in eine hierarchisch gedachte Jurisdiktionspyramide einfügen. Diese gewann niemals den Charakter eines bürokratischen Herrschaftssystems, sondern glich eher einem Netz mit älteren und jüngeren Bestandteilen unterschiedlicher Machart und daher auch manchen Lücken. Aber die Idee des Ursprungs aller Gerichtsgewalt im Kaisertum blieb über den Untergang der Staufer in der Mitte des 13. Jahrhunderts hinaus lebendig und unverzichtbare Basis zahlloser rechtlicher Beziehungen.

Auch die unter den Stauferkaisern aufkommende Ketzergesetzgebung fügt sich nahtlos in das Bild des *imperium Romanum*. Die Reaktion der Kirche und des Kaisertums auf häretische Bewegungen folgte dem Vorbild des römischen Reiches.

Seine Völkervielfalt war einst auf den alle verbindenden Kaiser-
kult verpflichtet worden. Nach der Befreiung der Christen von
dieser Last hatte es nur einige Jahrzehnte gedauert, bis umgekehrt Kaiser Theodosius der Große im Jahre 380 mit Billigung
des zweiten ökumenischen Konzils 381 den christlichen Glauben allen Untertanen verbindlich vorschrieb und blutige Verfol-
gungen das Heidentum austilgten. Über die Glaubenseinheit des
Reiches wachte seitdem nicht nur die Kirche, die 1232 die Ket-
zerinquisition ins Leben rief. Auch die Inhaber der weltlichen
Macht fühlten sich dazu nach dem Vorbild der spätantiken
christlichen Kaiser verpflichtet. Noch in der frühen Neuzeit
kehrte die Idee der alle Untertanen eines Staates verpflichtenden
Glaubenseinheit als fundamentales Ordnungsprinzip der Gesellschaft mit großem Nachdruck wieder (III. 3.).

Ausgenommen von dieser Pflicht, die Religionseinheit zu erhalten, waren die Juden. Die ersten Pogrome, die sich 1096,
1146/47 und später mit dem Beginn der Kreuzzüge ereigneten,
müssen zwar auch als eine Folge des sich verschärfenden religiösen Anpassungsdrucks gedeutet werden, der die Unterschich-
ten erreicht und zu emotionaler Gewalttätigkeit geführt hat.
Die kaiserliche Judenpolitik dagegen bemühte sich kontinuier-
lich, die in der fränkischen Zeit begonnene Erteilung schützen-
der Judenprivilegien fortzusetzen. So kam der Rechtsgedanke
auf, die Juden seien als Personengruppe unmittelbar der könig-
lich-kaiserlichen Gewalt unterworfen. Kaiser Friedrich II. nannte sie in seinem Judenprivileg 1236 erstmals seine «Kammer-
knechte» *(servi camerae nostrae)*, weil sie ihre Steuern an seine
Kammer zu entrichten hatten. Schon im folgenden Jahrhundert
begriff man diesen Rechtsstatus aber unter dem Einfluss des römischen Rechts als eine Art Sklaverei, die unbegrenzte Besteue-
rungsrechte mit dem Zugriff auf die jüdischen Vermögen eröffnete.

3. Die Scheidung weltlicher und geistlicher Herrschaft

Die ursprüngliche Herrschaftseinheit von weltlicher und geistlicher Gewalt beruhte auf unterschiedlichen Motiven. Der Kirche ging es in erster Linie darum, ihre Unabhängigkeit und die Rechtgläubigkeit des gemeinen Mannes zu sichern sowie das Kirchenrecht durchzusetzen (II. 2.). Dem Königtum war daran gelegen, den hohen Klerus als eine überall präsente Herrschaftselite mit Prestige und administrativem Potential in das weltliche Herrschaftsgefüge einzubinden. Das geschah durch die Schaffung kirchlicher Immunitäten, in denen ein *Vogt (advocatus)* die Aufgabe hatte, die ihm anvertraute kirchliche Institution, es sei Bistum oder Abtei, gegenüber äußeren Feinden zu verteidigen, ihre Interessen vor Gericht wahrzunehmen und selbst den Rechtsschutz im Immunitätsgebiet zu sichern. Da aber auch die Vögte vor allem aus dem örtlichen Adel berufen werden mussten, ließ sich das Ziel, die Unabhängigkeit der Bistümer und großen Abteien zu gewährleisten, zuverlässiger durch eine enge Anbindung an das Königtum erreichen. Kaiser Ludwig der Fromme (814–840) hat daher die Immunitäten mit der schon bekannten Rechtsfigur des Königsschutzes verbunden; weniger wichtige Klöster blieben als «Eigenkirchen» in der Hand des Adels. Die von der Kirche beanspruchte freie Wahl der Bischöfe und bedeutenderen Äbte respektierten schon die fränkischen Herrscher nicht ausnahmslos; Kaiser Otto der Große zog sie völlig an sich. Unter seiner Regierung entstand jener Herrschaftsraum, der als «ottonisch-salisches Reichskirchensystem» in die Geschichte eingegangen ist: Von einigen kleineren Bistümern östlich der Elbe und im Ostalpenraum abgesehen, waren sämtliche Bistümer des Reiches und zahlreiche angesehene Abteien mit Immunitätsprivilegien, dazu mit ausgedehnten Grundherrschaften und weltlichen Jurisdiktionsrechten ausgestattet worden. Im 11. Jahrhundert erfasste die kaiserliche Kirchenherrschaft schließlich auch den päpstlichen Stuhl. Kaiser Heinrich III. (1039–1056) setzte 1046 drei rivalisierende Päpste ab und bestimmte einen von ihm ausgewählten Kandidaten, den

Bamberger Bischof Suidger als Clemens II. und nach ihm zwei
weitere deutsche Kleriker zu Nachfolgern Petri.

Der fortschreitende Machtgewinn des Reiches im kirchlichen
Raum erregte den Unwillen des Mönchtums, von dem in jener
Epoche die stärksten spirituellen und kirchenpolitischen Impulse ausgingen. Die Reformbewegung des burgundischen Klosters
Cluny, die bald auf das Reich übergriff, forderte Freiheit der
Kirche vom Einfluss der Laien *(libertas ecclesiae)*. Dieses Programm meinte zunächst nur die Ortskirchen. Der Kaiser hatte
in diesem Sinne zu handeln versucht, als er den römischen Bi-
schofssitz dem Einfluss des römischen Stadtadels entzog. Die
Reformidee gewann jedoch ein unvergleichlich größeres Gewicht, als sie der Papst auf die Gesamtkirche bezog. Papst Gregor VII., eine ebenso vom Mönchtum wie von der kurialen Politik geprägte Persönlichkeit, forderte nun Freiheit der Kirche
vom Einfluss der Laien auch für die gesamte Reichskirche. Als
Heinrich IV. 1075 einem Kaplan seines Hofes das Erzbistum
Mailand übertrug («Investitur»), reagierte Gregor mit der An-
drohung des Kirchenbannes, Heinrich seinerseits mit der zorni-
gen Aufforderung, als Papst abzudanken. Diesen Machtkampf
schien zunächst der Papst zu gewinnen. Er erklärte Heinrich der
königlichen Gewalt für verlustig, die ihm geleisteten Eide für
gelöst und ihn selbst für exkommuniziert. Die verheerenden
Folgen dieses geistlichen Rechtsaktes, der in Deutschland eine
fürstliche Rebellion nach sich zog, vermochte der Kaiser nur
durch den Bußgang zum Papst, der ihm im Januar 1077 auf der
oberitalienischen Burg Canossa nicht ausweichen konnte, abzu-
wenden. Er blieb im Amt und erreichte später trotz nochmaliger
Verhängung des Kirchenbanns die Einsetzung eines ihm geneh-
men Papstes noch zu Lebzeiten Gregors, der im Exil starb.

Die im Wormser Konkordat 1122 von Diplomaten Papst Ca-
lixt II. und Kaiser Heinrichs V. (1106–1125) erzielte Einigung
markiert einen epochalen Einschnitt der abendländischen Geschichte. Sie beruht auf der zuvor in gelehrten Schriften reflek-
tierten Unterscheidung von Spiritualien und Temporalien, von
geistlichen und weltlichen Angelegenheiten, die bis dahin gemeinsam dem von Kirchenmännern unterstützten Reichsober-

haupt anvertraut waren. Die Übertragung des geistlichen Amtes
mit Ring und Stab blieb fortan allein den Vertretern der Kirche
vorbehalten, die Verleihung der weltlichen Herrschaftsrechte,
für die sich das Wort «Regalien» einzubürgern begann, oblag
dem König. Heinrich V. versprach, freie Wahlen der Bischöfe
und Äbte gemäß den Regeln des Kirchenrechts zu respektieren –
ein Verfahren, das auch später die Einflussnahme weltlicher
Herrscher nicht ausschloss. Aber einer kaiserlichen Kirchenherrschaft, wie sie sich im spätantiken Byzanz entwickelt hatte, war
im Westen Europas keine Zukunft mehr beschieden. Andererseits musste sich die weltliche Herrschaft des Papstes fortan auf
den mittelitalienischen Kirchenstaat beschränken. Wie sehr die
Unterscheidung von geistlicher und weltlicher Gewalt das Mittelalter beschäftigte, zeigt die über Jahrhunderte hinweg erörterte Zweischwerterlehre. Die rätselhafte Erwähnung zweier
Schwerter im Lukasevangelium (22, 36–38) forderte frühzeitig
zu allegorischen Deutungen heraus. Schon im Jahre 494 schrieb
Papst Gelasius I. dem Kaiser, die Welt werde von zwei Gewalten
regiert, durch die geheiligte Autorität der Bischöfe *(auctoritas
sacrata)* und die königliche Gewalt *(regalis potestas)*. Die erstere
aber sei im Jüngsten Gericht rechenschaftspflichtig auch für das
weltliche Regiment. Seitdem lehrte die papsttreue Publizistik,
die Kirche habe von Gott zwei Schwerter erhalten, ein geistli-
ches und ein weltliches. Das weltliche reiche sie an den Kaiser
weiter. Die kaiserlichen Parteigänger haben im Investiturstreit
dem Bild der beiden Schwerter dagegen die biblische Bestätigung der Eigenständigkeit beider Gewalten entnommen. Diesem
Gedanken verhalf im frühen 13. Jahrhundert auch der Sachsenspiegel (II. 1.) zu weiterer Verbreitung. Ihm zufolge hat der Kaiser sein Schwert direkt von Gott erhalten (Landrecht I, 1, 1).

Die zunehmende Juridifizierung der Kirche (II. 4.) hat seit der
Wende zum 14. Jahrhundert nochmals einen schweren Konflikt
zwischen Papst und Kaiser heraufbeschworen. Da es doch der
Papst sei, der den deutschen König zum Kaiser erhebe, müsse er
auch dessen Eignung für das Amt, also seine Rechtgläubigkeit,
prüfen. Diese Logik hatte schon der große Juristenpapst Inno-
zenz III. 1202 vertreten. Daraus leiteten spätere Nachfolger die

Idee der Notwendigkeit einer päpstlichen Approbation jeder Königserhebung ab. Bonifaz VIII. behauptete 1302 gegenüber dem französischen König, als Papst sei ihm auch die höchste weltliche Gewalt übertragen worden. Johannes XXII. erhob den Anspruch, nach einer Doppelwahl im Jahre 1314 die Person des zukünftigen deutschen Königs zu bestimmen. Die Kontrahenten suchten indessen die Entscheidung auf dem Schlachtfeld, wo Ludwig IV. (der Bayer) gegenüber dem Habsburger Friedrich dem Schönen 1322 erfolgreich blieb. Den Sieg verstanden die Krieger als Gottesurteil. Als Ludwig danach die Zulässigkeit eines gegen ihn eingeleiteten kirchlichen Verfahrens bestritt, ließ die Exkommunikation nicht lange auf sich warten. Kirchliche Autoren verstiegen sich zu der Idee, dem Papst komme eine unmittelbare Herrschaftsgewalt in weltlichen Dingen zu *(potestas directa ecclesiae in temporalibus)*. Doch Ludwig gelang es, eine Kaiserkrönung in Rom ohne Papst durch Vertreter der Stadt zu organisieren, wiederholt durch einen rasch gewählten Gegenpapst. Bedeutende Gelehrte an seinem Hof in München entwarfen Konzepte einer allein innerweltlich zu begründenden Staatsgewalt (II. 7.). Die Kurfürsten stärkten dem Kaiser den Rücken, indem sie 1338 in Rhense am Rhein den Rechtssatz verkündeten, der Erwerb der Königswürde und königlicher Rechte beruhe allein auf dem Wahlakt, ohne dass es der Mitwirkung des Papstes bedürfe. Der Prozess der Säkularisierung des Kaisertums fand seinen Abschluss im Zeitalter der Reformation. Ferdinand I. hatte die Zeichen der Zeit verstanden, als er sich 1558 zum Kaiser wählen ließ und das Krönungsangebot des Papstes nicht annahm.

4. Die Verwandlung des Denkens durch Jurisprudenz

Der amerikanische Rechtshistoriker Harold J. Berman hat in seinem «Law and Revolution» betitelten Buch das geläufige europäische Geschichtsbild in Frage gestellt. Unter den revolutionären Umbrüchen Europas, die seine Geschichte in einzigartiger Weise prägten, seien die Reformation und Englands Glorious Revolution, die amerikanische und die Französische Revolution nur Folgen der tiefgreifenden Umwälzung, die das päpstliche Reformprogramm der Kirchenfreiheit nach sich gezogen habe. In der Tat bahnte die Autonomie der Kirche zugleich der Unabhängigkeit des Staates den Weg, und dies nicht nur wegen der Trennung der beiden Gewalten, sondern nachhaltiger durch das dabei gebrauchte Instrument: die Jurisprudenz. Das Rechtsdenken gehört zwar zur mentalen Grundausstattung menschlicher Verbande schon vor dieser frühesten Revolution (I.) Die Fähigkeit, rationale und damit intersubjektiv vermittelbare Unterscheidungen und Begründungen zu entwickeln und mit ihrer Hilfe Konflikte zu lösen, ist etwas anderes. Die mittelalterliche Gesellschaft musste das methodische Denken der Jurisprudenz nicht selbst erfinden. Als diese mit dem Wormser Konkordat (II. 3.) ein spektakuläres Exempel ihrer Kunst lieferte, hatte der Prozess der Aneignung des römischen Juristenrechts und der antiken Kaisergesetzgebung im Mittelalter längst begonnen. Unter dem römischen Kaiser Justinian (527–565) war in Konstantinopel eine umfassende Sammlung des römischen Rechts entstanden, bestehend aus einer überarbeiteten Zusammenfassung der Gesetze von Vorgängern Justinians, einer sehr umfangreichen Systematisierung von Auszügen aus römischen Juristenschriften und einem einführenden Lehrbuch. Diese drei Teile wurden als «*Codex Iustiniani*» 529 und erneut 534, als «*Digestae*» (auch «*Pandectae*») und «*Institutiones*» 533 in Kraft gesetzt. In Italien blieben nach der Zurückdrängung der oströmischen Reichsgewalt durch die Langobarden nur Teile des Codex, die Institutionen und die eigenen Gesetze Justinians («*Novellae*») bekannt, die immerhin einen fortdauernden Kontakt mit dem römischen Recht ermöglichten. Die Spuren der Digesten verlieren sich hier im 7. Jahrhundert. Erst im Jahre 1060 erbeuteten die Pisaner eine vollständige Handschrift dieses weitaus bedeutendsten Teiles des Gesamtwerkes, das erst im 12. Jahrhundert «*Corpus iuris*» und bald danach «*Corpus iuris civilis*» genannt wurde.

Die intellektuelle Herausforderung dieses Werkes, besonders aber die Tatsache, dass es sich um das Recht des römischen Reiches handelte, dem man sich zugehörig fühlte, führte in Bologna zur Entstehung einer Rechtsschule, deren Scholaren Kaiser Friedrich I. 1158 in seinen besonderen Schutz nahm. Diese bald aufblühende Juristenuniversität, die mit wenigen anderen Hochschulen am Anfang der europäischen Universitätsgeschichte steht, brachte früh große Gelehrte hervor und zog Lernwillige aus vielen Ländern Europas an. Da die in den Digesten überlieferten Textfragmente einzelne Fallgestaltungen behandelten, waren die zugrunde liegenden Prinzipien nur durch sorgfältige Vergleiche und Analysen zu ermitteln. Diese Arbeit an den Texten vermittelte ein neues Verständnis rechtlicher Verhältnisse, das sich in umfangreichen Glossierungen niederschlug. Nicht mehr die konkreten Erscheinungen der erfahrenen Welt nahmen die Vorstellung gefangen, sondern ihre abstrakter zu denkenden Gemeinsamkeiten waren zu würdigen: Personen, Sachen und Verträge, Eigentum, Besitz und Dienstbarkeiten, Forderungen und Verpflichtungen – das ganze Spektrum der juristischen Begriffe mit den ihnen zukommenden Eigenschaften, wie wir es bis heute kennen und gebrauchen, wird entdeckt und entfaltet seine eigene Logik, ganz unabhängig von den Vorgaben der Religion und hergebrachter Rechtsgewohnheiten. In der Mitte des 12. Jahrhunderts, als diese Studien einen ersten Höhepunkt erreichen, macht sich in Bologna auch ein Mönch namens Gratian an die Arbeit, um aus den alten Sammlungen des Kirchenrechts ein eigenes Gesamtwerk zu schmieden, eine «Konkordanz der nicht übereinstimmenden Kirchenrechtssätze» *(Concordantia discordantium canonum)*: das 1140 vollendete, systematisch aufgebaute *Corpus Iuris Canonici*. Ist hier der Bezug zur kirchlichen Praxis mit Händen zu greifen, so bedurfte es eines längeren Gewöhnungsprozesses, bis die neuen Kategorien des weltlichen Rechts über rhetorische Übungen hinaus Eingang in die Rechtspraxis fanden. Zuerst geschah dies in Italien, im 14. Jahrhundert bereits in großem Umfang, wie die aus dieser Zeit bekannten Kommentare und Gutachten *(Consilia)* der Bologneser Juristen bezeugen.

Eine Reihe römischer Rechtsbegriffe schien auf mittelalterliche Verfassungsverhältnisse unmittelbar anwendbar zu sein. So der *princeps* als Inhaber einer höchsten – kaiserlichen – Gewalt;

die *iurisdictio* als Inbegriff der Gerichtshoheit; das *dominium* als Herrschaft über Land und Leute. Über den princeps war in den Quellen des römischen Rechts Erstaunliches zu lesen: Er ist an die Gesetze nicht gebunden (*«princeps legibus solutus»*), was ihm gefällt, hat Gesetzeskraft (*«quod principi placuit, legis habet vigorem»*). Solche, aus dem Zusammenhang gerissenen Sätze sollten in zukünftigen Zeiten eine nicht vorherzusehende Eigendynamik gewinnen. Vorerst stießen sie sich an der komplexen Realität der bestehenden Herrschaftsverhältnisse. Anders verhielt es sich mit der Gerichtsbarkeit. Dass sie auch in den römischen Texten als vornehmstes Hoheitsrecht erscheint, entsprach der Wirklichkeit des Mittelalters. Aber als oberstes Prinzip hoheitlichen Handelns bedurfte die *iurisdictio* einer erweiternden Auslegung, die außerdem andere Hoheitsakte, insbesondere die dem römischen Recht längst geläufige Gesetzgebung umfasste. Auch das Rechtswort *dominium* war dem mittelalterlichen Urkundenwesen längst bekannt, freilich eher als eine inhaltlich unbestimmte Aussage über Herrschaftsformen verschiedener Art. Unter dem Einfluss des römischen Rechts drängt sich nun der Wortsinn «Eigentum» in den Vordergrund. Sinnverschiebungen und die Übernahme bisher ungewohnter Rechtsvorstellungen begegnen seit dem 13. Jahrhundert in zunehmendem Maße.

Am leichtesten tat sich die Kirche, die jetzt entstehende Jurisprudenz zu integrieren. Der immense Stoff der kirchenrechtlichen Normen bedurfte der Vereinheitlichung und vertrug problemlos rationale Differenzierungen. Der hierarchische Aufbau der Kirche aber bot beste Voraussetzungen, um ein mehrstufiges Gerichtsverfahren auszubauen und die Einheit der kirchlichen Rechtsordnung zu wahren. 1234 kann Papst Gregor IX. eine erneuerte Dekretalensammlung durch Versendung an die Universitäten als kirchliches Gesetzbuch förmlich einführen. Das weltliche Herrschaftswesen hingegen war von einer solchen Geschlossenheit seiner Rechtsordnung weit entfernt. Die einheimischen Gerichte verhandelten ganz überwiegend bis zum Ende des Mittelalters nach örtlichen Rechtsgewohnheiten mündlich ohne Mitwirkung juristisch geschulten Personals. Das

Einfallstor für die neuen Rechtsgedanken der Jurisprudenz bildeten die mit der Herstellung von Urkunden beschäftigten Kanzleien des Königs und der Fürsten. Dort waren seit jeher schriftkundige Kleriker tätig, die ihre Bildung zunächst an Domschulen, dann auch an oberitalienischen Universitäten erhalten hatten. In der zweiten Hälfte des 13. Jahrhunderts ist in den Urkunden der Einfluss juristischer Begrifflichkeit nicht mehr zu übersehen. Seitdem aber auch nördlich der Alpen errichtete Universitäten den Zugang zu einem Rechtsstudium erleichterten, schwoll hier nicht nur die Zahl der Scholaren, sondern auch die Zahl der graduierten Bakkalauren, Lizenziaten und sogar Doktoren, die selbst lehren durften, mächtig an. Nach den Universitätserrichtungen von Prag 1347/48 und Wien 1365 war es vor allem die seit 1386 in Heidelberg einsetzende und nicht mehr abreißende Gründungswelle – 1388/89 Köln, 1389/92 Erfurt, 1409 Leipzig, 1419 Rostock –, die den Juristen in Deutschland heimisch werden ließ. Die Universitätsgründungen seit der zweiten Hälfte des 15. Jahrhunderts, zum Beispiel Ingolstadt 1459/72 und Tübingen 1476/77, dienen bereits dazu, gezielt Personal für das weltliche Herrschaftswesen heranzubilden.

Weniger in weltlichen Gerichten als in hochpolitischen Angelegenheiten war der Jurist zunächst tätig. Gut versorgt in den reich ausgestatteten, eigentlich dem Totengedächtnis dienenden Stiftskirchen, besorgten diese Klerikerjuristen nicht nur kirchliche Rechtsangelegenheiten. Sie dienten auch weltlichen und geistlichen Herrschaftsträgern in diplomatischen Missionen und schiedsgerichtlichen Verhandlungen. Am kaiserlichen Hof treten sie zunächst als Ratgeber des Herrschers auf. Im 15. Jahrhundert sind sie in einem neu entstandenen Kammergericht des Königs tätig, das die Autorität des herkömmlichen Hofgerichts mitsamt den dort urteilenden Fürsten in Frage stellt.

5. Die Entstehung deutscher Staatlichkeit aus dem Reichsfürstentum

Lange bevor es deutsche Könige und im westlichen Europa wieder einen Kaiser gab, hatte in den verschiedenen Stammesgebieten eine adelige Oberschicht politische Führungsaufgaben wahrgenommen. Auf ihre Loyalität waren die Herrscher angewiesen, um der Autorität des Königtums in den einzelnen Siedlungsräumen Anerkennung zu verschaffen. Die neuere historische Forschung glaubte daher lange, in der Adelsherrschaft die Wurzeln des Staatsbildungsprozesses in Deutschland erkennen zu können. Sie reagierte damit auf die nationale Überzeichnung mittelalterlicher Kaiserherrlichkeit durch die deutsche Geschichtsschreibung nach der Reichsgründung 1871. Seitdem die Wissenschaft aber gelernt hat, die frühe Rezeption des gelehrten Rechts zu verstehen (II. 4.) und verschiedene, durch den Einfluss der Antike bedingte Kulturschichten zu unterscheiden, hat jener Gegensatz von deutscher Reichsgeschichte und regionaler Adelsherrschaft an Bedeutung verloren.

Bis zur Stauferzeit legitimierte sich die Adelsherrschaft allein durch die Zugehörigkeit zu den führenden Dynastien des Stammes und ein Verhältnis zum Königtum, das durchaus unterschiedlicher Art sein konnte. Familiäre Beziehungen, die vizekönigliche Beauftragung von Amtsherzögen, Treueide oder andere vertragliche Bindungen können der Zugehörigkeit zur führenden Herrenschicht zugrunde gelegen haben. In der Regierungszeit Kaiser Friedrichs I. tritt insofern ein Wandel ein, als nun die königliche Kanzlei als «Fürsten» *(«principes»)* nur Personen tituliert, die am Rat und Gericht des Kaisers teilnehmen, in ihrem eigenen Herrschaftsgebiet aber an dessen Stelle handeln. Das sind in erster Linie alle Bischöfe, Herzöge, Markgrafen, Landgrafen, Pfalzgrafen. Sie alle haben als Inhaber von Reichslehen gleichsam Anteil am Amt des Reichsoberhauptes. Für die geistlichen Fürsten stand dies seit den Regelungen des Wormser Konkordates von 1122 fest, für die weltlichen Fürsten proklamierte die kaiserliche Gesetzgebung von 1158 dasselbe Prinzip (II. 2.). Das bis dahin erst rudimentär entwickelte Lehensrecht erwies sich als die geeignete Form, in welcher der nun erhobene Anspruch, jede Gerichtsgewalt müsse sich vom Kaiser herleiten, in die Rechtspraxis umgesetzt werden konnte. Daher gab es neben den Inhabern ganzer Fürstentümer nun auch gefürstete Äbte und Grafen, wenn sie mit kaiserlichen Rechten belehnt worden waren. Der Sinn dieser jetzt auffallend rational gestalteten Beziehung zwischen dem König oder Kaiser und den Fürsten bestand darin, die fürstliche Herrschaft über Land und Leute mit einer höchsten Legitimation auszustatten. Daran waren beide Seiten interessiert: der Kaiser als Quelle des Herrscherrechts, die Fürsten als Träger kaiserlicher Rechte gegenüber ihren Untertanen. Das Lehensrecht bleibt seitdem ein unverzichtbares Element der Reichsverfassung bis zum Ende des Alten Reiches 1806 (III. 4. u. 7.).

Die allseitige Anerkennung dieses Verfassungsmodells ist an den zahlreichen Erhebungen bedeutender Grafschaften zu Reichsfürstentümern bis zum Ende des Mittelalters abzulesen. Länder wie Hessen, Savoyen, Jülich, Mecklenburg, Luxemburg, Holstein, Württemberg und ein Dutzend weiterer Herrschaftsgebiete dieses Ranges gehören dazu. Die Errichtung des Fürstentums Braunschweig-Lüneburg durch Kaiser Friedrich II. 1235 lässt die sorgfältig durchdachte Konstruktion einer solchen Privilegierung erkennen. Der in den Kreis der Fürsten aufzunehmende Herr überträgt sein freies Eigengut *(Allod)* dem König, der Reichsgut hinzufügt und die ganze Vermögensmasse dem neuen *princeps* als Lehen überträgt. Mit dem Instrument des Lehensrechts wird einerseits eine persönliche Treuepflicht des Reichsvasallen begründet, die mit der Verpflichtung zur Heeresfolge die Reichsgewalt gestärkt hat. Andererseits vermittelt das Lehensrecht eigentumsrechtliche Vorstellungen: Dem Lehensherrn verbleibt weiterhin das Obereigentum *(dominium directum)* am übertragenen Lehensgut, der Lehensmann erhält Unter(Nutz-)eigentum *(dominium utile)*. Die weltlichen Fürsten verstehen sich nun zunehmend auch als Inhaber eines Herrschaftseigentums ihrer Länder, das auch Gerichte und Menschen umfasst. Ein Privileg für die Fürsten insgesamt von 1232 *(Statutum in favorem principum)* bemüht sich, diesen Status zu respektieren. Die wenig später üblich werdenden Landesteilungen, die an privatrechtliche Erbteilungen erinnern, werfen ein Schlaglicht auf die jetzt zutage tretende Mentalität der fürstlichen Familien. Doch geht das politische Verständnis des Fürstenamtes nicht verloren. Seit dem Beginn des 14. Jahrhunderts häufen sich Regelungen über die alleinige Thronfolge des Erstgeborenen (Primogenitur), am auffälligsten 1356 in der Goldenen Bulle für die kurfürstlichen Territorien (II. 1.). Auch blieb das Rückgrat der zahlreichen geistlichen Fürstentümer stets das Kaisertum und die von diesen Fürsten nur auf Lebenszeit erworbene Gerichtshoheit, nicht die Idee des Eigentums, trotz unverkennbarer Tendenzen, auch hier durch Nachfolge der Neffen adelige Dynastien zu etablieren (Nepotismus).

Die Forschung pflegt alle Fürstentümer, Grafschaften und einige Enklaven freier Herren unter dem Begriff «Landesherrschaft» zusammenzufassen. In der Tat zeigen ihre Herrschaftsstrukturen Gemeinsamkeiten. Es handelt sich nicht um Staatsgewalten im modernen Sinne mit umfassender Kompetenz für alle öffentlichen Angelegenheiten, sondern um die Bündelung einzelner Herrschaftsrechte: Gericht halten, Natural- oder Geldabgaben sowie Dienste und die Heeresfolge einfordern, Geleitschutz auf den Straßen gewähren, Zölle erheben, Judenschutz und -steuern handhaben, um nur die wichtigsten zu nennen. Am dichtesten ist die Landesherrschaft in den ihr unmittelbar unterworfenen Grundherrschaften mit den zugehörigen Abgaben und Fronen ausgeprägt. Eng verbunden sind ihr ferner die geistlichen Grundherrschaften von Klöstern, Stiften, Spitälern, die des Schutzes durch den Landesherrn als Vogt bedürfen (II. 3.); ihm stehen dafür Einnahmen aus solchen Gütern zu. Ähnlich verhält es sich mit den Territorialstädten (II. 6.). Lockerer, aber in gewisser Hinsicht dennoch wertvoller waren die Beziehungen der Fürsten zu ihren Lehensrittern. Von deren Hintersassen – ihren abhängigen Bauern – waren Landessteuern, als solche im Spätmittelalter üblich wurden, oft nicht zu erlangen. Dafür hatten die Ritter im Bedarfsfall mit ihrem Gefolge Kriegsdienste zu leisten und aus ihren Ressourcen zu finanzieren. Die Gerichtsbarkeit in Parteistreitigkeiten und einfacheren Krimi nalsachen stand überwiegend den Grundherren zu, schwerere Kriminalität war eher vor landesherrlichen Gerichten, aber auch vor den Stadtgerichten zu verhandeln.

Die regionalen Besonderheiten dieser herrschaftlichen Strukturen sind enorm. Einigen schon flächenstaatlich wirkenden Fürstentümern, die man später als «geschlossene» bezeichnete *(territoria clausa)*, wie Bayern, Sachsen, Brandenburg, standen weite Gebiete «ungeschlossener» Länder in Franken, Schwaben und am Rhein gegenüber, in denen sich Herrschaftsrechte verschiedener Fürsten und geringerer Herrschaftsträger überlappten und in der frühen Neuzeit der niedere Adel als Reichsritterschaft nur dem Kaiser unterworfen war *(territoria non clausa)*. Trotz dieser historisch gewachsenen Unübersichtlichkeit der Herrschaftsverhältnisse kursierten im mittelalterlichen Reich Schlagworte, die auf ein gemeinsames Herrschaftsverständnis hindeuten: Die Herren schulden «Schutz und Schirm», die ihnen verpflichteten Untertanen, geistlichen Herren, Ritter und Städte «Rat und Hilfe». Bei Geldbedarf des Landesherrn ist es vor allem die Finanzkraft der drei letztgenannten Geldgeber, die weiterhelfen kann. Wer zahlen soll, will aber gefragt werden und mitreden. So entwickeln Prälaten, Ritter und Stadtbürger als häufig zusammentretende «Landstände» für die Angelegenheiten des Landes ein spezifisches Interesse, das sich gegen dessen finanzielle Schwächung durch Veräußerungen oder Teilungen und gegen Verschwendung am Fürstenhof wendet. Am Ende des Mittelalters beginnen diese nun so genannten Landstände, auch die Gesetzgebung mit dem Fürsten zu beraten (III. 3.).

Die Organisation der Landesherrschaften gewinnt im 14. Jahrhundert klarere Konturen. Sie besteht zum einen in der Wahrnehmung der einzelnen Herrschaftsrechte draußen im Lande, zum anderen in der Entfaltung einer Hofhaltung, die man der Fürstenwürde geschuldet glaubt. Dem ersteren Zweck dienen Amtmänner auf Burgen oder in Städtchen, die mit wenigen Knechten und einem Schreiber für Einnahmen und Sicherheit in ihrem Bezirk sorgen. Am Hofe kontrolliert ein Rentmeister die fast ausschließlich der Hofhaltung dienenden Zahlungen, wenn nicht gerade ein Krieg oder eine Hochzeit zu finanzieren ist. Denn im Spätmittelalter hatten sich die Landesherren schon in ständigen Residenzen niedergelassen, die viele Menschen um des Verdienstes willen oder um Recht zu erlangen anzogen, während die Selbstdarstellung des Fürsten gleichfalls zur Ausweitung des Hofstaats tendierte. Ein Hofmarschall oder Hofmeister war notwendig, um die auf bald mehrere hundert Personen angewachsene Menschenmasse samt ihren Pferden zu dirigieren. Im 15. Jahrhundert ist der Fürst von einem ständigen Rat umgeben. Ein eigenes Hofgericht steht ihm jetzt zur Seite, wie das Kammergericht dem König. Der Weg in den neuzeitlichen Staat ist vorgezeichnet (III. 3.).

6. Die Stadtverfassung als Ursprung bürgerlicher Autonomie

Die Forschung hat dem mittelalterlichen Städtewesen seit langem besondere Aufmerksamkeit geschenkt, weil sie in ihm wichtige Elemente politischer Modernität vermutet: mit dem Bürgerrecht eine frühe Ausprägung des Gleichheitsgedankens, in der Kommunalverfassung einen ersten Schritt auf dem Wege zur Demokratie, in der Bürgerfreiheit ein über die Feudalgesellschaft hinausweisendes Konzept. Nicht zufällig hat Max Weber in seinem einflussreichen geschichtssoziologischen Werk «Wirtschaft und Gesellschaft» das mittelalterliche Stadtregiment vor dem Hintergrund der damals maßgebenden Herrschaft von König und Kaiser, Adel und Kirche als «illegitim» charakterisiert. In der Tat wird niemand die geschichtliche Kontinuität zwischen frühen Formen städtischer Selbstverwaltung und kommunaler Autonomie im modernen Staat über alle revolutionären Umbrüche hinweg leugnen wollen. Aber der mittelalterliche Mensch konnte auch die Stadtverfassung noch im Rahmen seiner Rechtsordnung begreifen.

Die Anfänge des europäischen Städtewesens reichen gleichfalls in die spätantike Geschichte des römischen Reiches zurück. Und sie transportierten aus jener Epoche auch die Idee einer gewissen Autonomie, jedenfalls der Inhaber des römischen Bürgerrechts. Denn diese konnten in einer *civitas*, dem städtischen Zentrum einer Region, oft auf die Auswahl der zwei leitenden, auf Zeit bestellten Amtsträger *(duumviri)* Einfluss nehmen, und sie kannten auch einen Rat *(curia)*. Später wuchsen die in jeder wichtigeren Stadt amtierenden Bischöfe in die Aufgaben der weltlichen Gerichtsbarkeit und Stadtregierung hinein. Auch in den ältesten Städten des ostfränkischen Reiches, alle Zeugen der römischen Vergangenheit, hatten längst Bischöfe die Stadtherrschaft übernommen: Trier, Köln, Mainz, Worms, Speyer, Augsburg und Regensburg gehören dazu. Frühe Neugründungen östlich des Rheins, wie Bremen, Paderborn, Hildesheim und Würzburg stehen gleichfalls mit der Errichtung von Bischofssitzen in Zusammenhang und bleiben ihnen unterworfen. Andere Städte entstanden im Schatten von Königspfalzen, wie Aachen oder Frankfurt am Main. Nahe den Bischofs- und Königshöfen mit zugehörigem Dienstpersonal siedelten sich Handwerker und auch Kaufleute an, deren Handel die Könige durch Privilegien schützten. Jahrmärkte entstanden, später auch Wochenmärkte. Mit der wachsenden Attraktivität der Städte fanden sich hier zuweilen selbst Ministeriale ein, eine aufsteigende Schicht einst unfreier Kriegsknechte von jetzt ritterlicher Lebensart und daher herausgehobener Stellung. Alle diese Personengruppen waren zu Gewaltverzicht und Wahrung des inneren Friedens verpflichtet. Aber sie bildeten innerhalb der bald überall errichteten Stadtmauern noch keine einheitlich verfasste Bürgerschaft. Der Rechtsstatus der städtischen Einwohner war unterschiedlich, frei oder unfrei, unter königlichem Schutz oder bischöflicher Herrschaft. Wer aber als Bürger angenommen worden war, für den galt der Satz «Stadtluft macht frei», weil bisherige grundherrliche Bindungen entfielen. Für den inneren Frieden der heterogenen Stadtgesellschaft sorgte ein Richter mit Namen Schultheiß, Vogt oder Amtmann als Repräsentant der Stadtherrschaft des Königs, eines Fürsten oder selbst gräflichen Herrn.

Diese hier nur angedeutete Entwicklung erreicht mit den ersten Nachrichten über städtische Ratskollegien eine neue Qualität. In den zahlreichen italienischen Städten, die seit den Zeiten der Römer wenigstens teilweise bewohnt waren, hat sich die Kommunalverfassung spätestens seit dem frühen 12. Jahrhundert so fest etabliert, dass die staufischen Kaiser sie nicht mehr beseitigen konnten. Aus Deutschland hören wir erstmals um die Wende zum 13. Jahrhundert von städtischen Räten. Sie bildeten sich aus den Repräsentanten der führenden Familien als Schwurgemeinschaft, einer «*Einung*» *(coniuratio)*, die zu einem gemeinsamen Handeln im politischen Raum verpflichtete. Die *Einung* ist das eigentlich revolutionäre Element im Rechtsdenken des Mittelalters, das sowohl im Strom der hergebrachten Rechtsgewohnheiten Neues schaffen wie den kaiserlichen Anspruch der Rechtserzeugung in Frage stellen konnte. So erklärt sich der auch in Deutschland festzustellende Widerstand der Stadtherren gegen das städtische Einungswesen. Für die wichtigen Bischofsstädte verbot Kaiser Friedrich II. 1232 die Einrichtung von Räten und die Berufung von Bürgermeistern und anderen städtischen Beamten ohne Zustimmung des geistlichen Stadtherrn. Tatsächlich aber haben in schweren Auseinandersetzungen einige der Bischofsstädte sogar die Reichsfreiheit erkämpft, wie Köln, Straßburg, Basel, Augsburg, Speyer, Worms, Regensburg. Der Rat als unverzichtbares Instrument der Gewährleistung inneren Friedens, äußerer Sicherheit und ökonomischen Gleichgewichts zwischen einheimischen Produzenten und Konsumenten sowie Marktbesuchern setzte sich als zentrale Institution städtischer Rechtskultur überall durch, zunehmend gefördert auch durch königliche und fürstliche Privilegien. Denn spätestens im Laufe des 13. Jahrhunderts war der ökonomische Nutzen der Stadtwirtschaft und die militärische Bedeutung der städtischen Befestigungen allgemein erkannt worden. Hunderte neuer Reichs- und Territorialstädte entstanden jetzt allein in Mitteleuropa. Die Attraktivität der Städte für den gemeinen Mann beruhte sowohl auf dem dort erhofften Verdienst wie auch auf den Stadtrechten. Sie sahen nicht nur regelmäßig eine Ratsverfassung vor und waren um mehr Rechtssicherheit vor Gericht bemüht. Die Stadtrechte gewährten den Bürgern auch eine freie Erbleihe an Grund und Boden und damit dauerhafte Zukunftsperspektiven für die Nachkom-

menschaft. Vielfach bewidmeten der König oder die Stadtherren ihre Städte mit dem Recht einer älteren, besonders angese-
henen Stadt. Dort konnte man in Zweifelsfällen Rechtsauskünf-
te einholen. Durch wiederkehrende Kontakte zu solchen
«Oberhöfen» entstanden Stadtrechtsfamilien, die den Rechts-
verkehr erleichterten. Im Altsiedelgebiet blieben sie enger begrenzt, zum Beispiel im Umfeld der Gerichte alter Königspfalzen, wie Ingelheim, Gelnhausen oder Wimpfen. Für Osteuropa
erlangten die Rechte von Magdeburg und Lübeck mit der Ausbreitung der deutschen Siedlung ungleich größere Bedeutung,
selbst für Städte mit nichtdeutscher Bürgerschaft. Obwohl von
den polnischen Landesherren und dem Deutschen Orden im
Preußenland bewusst gefördert, bezeugt die Ausbreitung und
Fortentwicklung dieser Rechte unter bürgerlichen Autoritäten
noch in der ersten Blütezeit des Städtewesens, dass Recht nicht
als Attribut der Herrschaft, sondern weiterhin als ein innerge-
sellschaftliches Phänomen verstanden wurde.

Der Rat besteht und ergänzt sich jeweils teilweise aus den Angehörigen der ratsfähigen Geschlechter, die von diesen für rela-
tiv kurze Zeit – oft nur ein Jahr – in einem zuweilen komplizier-
ten, mehrstufigen Verfahren gewählt werden. Daran beteiligt
sind lange Zeit allein die Patrizier. Den Vorsitz in ihrem Rat
führte oft noch der stadtherrliche Richter. In kleineren Orten,
zumal unter fürstlichen oder gräflichen Herren, blieb es meist
auch dabei. Aber wohlhabende Städte waren überwiegend in
der Lage, den höchsten herrschaftlichen Amtsträger zu verdrän-
gen oder sein stadtrichterliches Amt zu erwerben. Dann standen
in der Regel zwei auf Zeit gewählte «Bürgermeister» *(magister
civium)* an der Spitze der Stadt. Der Rat nahm entweder auch
die Aufgaben eines *Schöffenkollegiums* wahr oder hatte ein solches eingerichtet, das auch schwere Kriminalität ahndete. Für
die alltäglichen Konflikte konnten einige Ratsherren abgeord-
net werden. Außerdem aber war der Rat in der Lage, im Wege
der Einung Statuten zur Regelung des städtischen Lebens zu
schaffen, Satzungen also, die man auch «Willküren» nannte
und terminologisch vom überkommenen «Recht» strikt unterschied, das Erbe, Eigentum und Prozess regelte. Die Statuten

regelten Sicherheitsfragen und ordneten das gewerbliche Leben in der Stadt, das Handwerk und die Märkte. Die davon betroffenen Bevölkerungsschichten erhoben schließlich ihre Stimme und verlangten Beteiligung am städtischen Regiment. Seit dem 14. Jahrhundert hallen die spätmittelalterlichen Städte wider von Bürgerunruhen und -kämpfen, die unter dem Begriff «Zunftrevolutionen» in die Geschichte eingegangen sind. Doch nicht Umsturz, sondern Zugang zur Stadtpolitik war das Ziel. In vielen Fällen wird es erreicht, oft in Gestalt eines «äußeren» Rates, der neben den alten «inneren» tritt, in anderen scheitert dieses Aufbegehren.

Die relative Modernität der mittelalterlichen Stadt ist auch daran erkennbar, dass sie als Stadt allmählich von der Gesamtheit ihrer Bürger unterschieden wird und faktisch als eine nicht sterbliche Rechtsperson Anerkennung findet – ähnlich, wie wir dies für den modernen Staat ganz selbstverständlich voraussetzen. Während es noch Schwierigkeiten bereitete, diesen Abstraktionsprozess für das Königtum und die Fürstenherrschaft zu vollziehen, haben im engeren Lebensraum der Stadt pragmatische Sachzwänge die gedankliche Verselbständigung der Stadt gegenüber ihren Bürgern erzwungen: die Vertretung der Stadt gegenüber Dritten durch den Rat, weil sich ein gemeinsames Handeln aller Bürger als unmöglich erwiesen hatte; die Beschränkung der Haftung für Schulden der Stadt auf deren eigenes Vermögen, um die Bürger zu schonen; der Erlass städtischer Statuten durch den Rat als Gebote, die von der Bürgerschaft zu befolgen waren, ohne dass sie an ihrer Entstehung hatte mitwirken können. Es war kein standeshöherer «Herr» mehr, der hier Gehorsam von Untertanen forderte, sondern die Bürgerschaft selbst trat fordernd gegenüber ihren Bürgern in Erscheinung.

7. Politisches Denken unterwegs von der Theologie zur Staatslehre

Über das Gemeinwesen, seinen Grund und seine Bestimmung nachzudenken, war lange Zeit eine Sache einiger gebildeter Kleriker, denen das antike Schrifttum zugänglich gewesen ist.

Denn auch das politische Denken, soweit es eine eigene Literatur erzeugte, blieb während des ganzen Mittelalters von den großen Philosophen der griechischen und römischen Epoche abhängig, wiewohl es im christlichen Umfeld und unter dem Druck aktueller Probleme eigene Lösungen fand und weitere Entwicklungen einleitete. Als Konstante dieser zwischen Antike und Mittelalter niemals gänzlich erloschenen Reflexionen ist die grundlegende Vorstellung auszumachen, das Gemeinwesen bilde ein Ganzes, nicht lediglich die Summe von Familienverbänden oder individuellen Herrschafts- und Unterwerfungsverhältnissen. Seit dem Altertum diente dafür das Bild des menschlichen Körpers als Gleichnis. Wie in diesem die lebensnotwendigen Funktionen auf unterschiedliche Organe und Glieder verteilt sind, so die in der Gesellschaft zu bewältigenden Aufgaben auf die verschiedenen Stände. Einer der ersten Staatstheoretiker des hohen Mittelalters, Johannes von Salisbury, verfasst 1159 einen *Policraticus* betitelten Text, der das Gemeinwesen als einen von Gott erschaffenen Organismus beschreibt: mit dem Herrscher als Haupt, seinem Ratskollegium als Herz, den Richtern als Sinnesorganen, den Beamten und Soldaten als Hände, dem Volk der Bauern und Handwerker als Füße. Dieses Bild eines existentiellen Zusammenhanges aller einem Gemeinwesen angehörigen Menschen veranschaulicht zugleich den mittelalterlichen Ordo-Gedanken. Jeder gehört einem bestimmten Stand an, in den er hineingeboren wurde und der ihm spezifische Pflichten auferlegt. Diese Idee einer gottgewollten und hierarchisch geordneten Gesellschaft ist allen in diesem Kapitel erwähnten Staatsdenkern gemeinsam. Sie erreicht einen Höhepunkt bei Engelbert von Admont (1250–1331), der sie mit der Rechtfertigung einer kaiserlichen Weltmonarchie verbindet.

Schon seit spätrömischer Zeit gab es indessen eine große gedankliche Alternative, die der Philosoph und Kirchenlehrer Aurelius Augustinus, Bischof im nordafrikanischen Hippo, entworfen hatte. Just als die Christen glauben wollten, dass mit der Erklärung des nicänischen Christentums (II. 2.) zur Staatsreligion durch Kaiser Theodosius im Jahre 380 das Gottesreich im

römischen Reich erstehe, eroberten 410 die irrgläubigen West-
goten Rom. Da man in geschichtlichen Ereignissen das Wirken
Gottes sah, war nun ein Problem entstanden, das Augustinus in
seinem danach entstandenen Spätwerk «*De Civitate Dei*» («Der
Gottesstaat») zu lösen versuchte. Er erkannte, dass auch ein
dem Christentum zugewandtes römisches Reich nicht mit dem
Reich Gottes identisch sein könne. Vielmehr bilden die Christen
ein eigenes Volk und Reich über die real existierenden Staatsge-
bilde hinweg, also ein Gemeinwesen geistigen Charakters. Ihm
stehe die nur dem irdischen Leben verhaftete *civitas terrena* des
Teufels gegenüber. In weltlichen Staatswesen seien beide Reiche
unerkennbar miteinander vermischt. Mit diesem Weltbild hat
Augustinus den Christen einen Weg gewiesen, einerseits unbeirrt an christlichen Idealen inmitten weltlicher Unzulänglichkeit
festzuhalten, andererseits die Fragwürdigkeit politischer Syste-
me zu verstehen.

   Mit der tiefen Einwurzelung des Christentums in der mittelalterlichen Gesellschaft verloren die Widersprüche zwischen der
christlichen Glaubenslehre und den Realitäten dieser Welt jedoch vorübergehend ihre bedrängende Aktualität. Was nun der
Erklärung bedurfte, war das Verhältnis von Glaube und Vernunft. «*Credo ut intelligam*» («Ich glaube, damit ich verstehe»),
lautete die Antwort des Theologen Anselm von Canterbury um
1177/78. Da die Glaubenswahrheit feststand, galt es, sie auch
als vernünftig zu erweisen, nicht etwa umgekehrt erst durch die
Tätigkeit der Vernunft zum Glauben zu gelangen. Dieses, an die
Autorität der Bibel gebundene Konzept, Scholastik genannt,
löste eine Welle philosophischen Denkens aus, die auch Theori-
en über die menschliche Gemeinschaft hervorbrachte. Eine wesentliche Hilfestellung leisteten dabei die erst damals im Abendland bekannt gewordenen Schriften des Aristoteles, seine «Ni-
komachische Ethik» und seine daran anschließende «Politik».
In diesem Werk werden erstmals in der Menschheitsgeschichte
aufgrund von antiken Erfahrungen die Eigenschaften, Vorzüge
und Nachteile verschiedener Verfassungsformen diskutiert. Und
Aristoteles entwickelt darin die berühmt gewordene These vom
Menschen als einem von Natur aus sozialen Wesen, das sein

Glück – als zweckfreies Endziel menschlichen Lebens – nur im
Staate finden könne (*«zoon politicon»*).

Diese vorchristliche Philosophie diente dem Dominikaner-
mönch Thomas von Aquin um 1265/66 dazu, in einer kleinen
Schrift über die Herrschaft der Fürsten (*«De regno»*, auch *«De
regimine principum»*) Grundlagen und Sinn des Staates systematisch vor dem Hintergrund eines ewig gültigen Naturrechts
zu erörtern. Ausgehend von der Sozialnatur des Menschen und
der ihm gegebenen Vernunft, hält Thomas um der Erhaltung
des Gemeinwesens willen die Einrichtung einer Regierung für
zwingend geboten und die Einsetzung eines Königs für die beste
Lösung. Dieser aber kann seiner Aufgabe, die Gemeinschaft zu
erhalten, nur gerecht werden, wenn er nicht seine eigenen Interessen verfolgt, sondern das Gemeinwohl *(bonum commune)* als
Maxime seines Handelns beachtet. Politik erschöpft sich daher
nicht – wie in moderner Zeit – in der Konkurrenz alternativer
Programme, sondern erhält eine inhaltliche Bestimmung, die
Thomas in Anlehnung an Aristoteles noch konkretisiert: Zweck
des Staates ist es, die Menschen zur Tugend zu führen, ihnen die
für ihre Existenz notwendigen Güter zu erhalten und den inneren Frieden zu sichern. Für die Realisierung dieser Staatsziele ist
freilich die Entstehung einer Tyrannei zu verhindern, eine Pro-
blematik, der die Abhandlung viel Raum widmet. Kommt es
indessen zur Herrschaft eines Tyrannen, so dürfe das Volk, das
den Herrscher einst berufen habe, ihn durch einen gemeinsamen Beschluss absetzen. Einzelne seien dazu nicht berechtigt,
da sie eine neue Tyrannei errichten könnten. Eine Ahnung dessen, was viel später «Volkssouveränität» heißen wird, scheint
auf, auch die Möglichkeit des Tyrannenmordes zeichnet sich ab.

Wesentliche Elemente des von Thomas von Aquin entworfenen Bildes einer staatlich organisierten Gesellschaft blieben seitdem anerkannt. Das gilt vor allem für die Staatsziele der moralischen Besserung und wirtschaftlichen Sicherung der Untertanen
im Rahmen des territorialen Binnenfriedens und für die Bindung des fürstlichen Regiments an das Gemeinwohl. Dieses
Programm entfaltete eine große Breitenwirkung. Seit der Mitte
des 15. Jahrhunderts bis weit in die Neuzeit hinein drückte es

der Innenpolitik deutscher Territorialherren als «*gute Policey*» (d. h. «Politik») seinen Stempel auf (III. 3.). Aber auch der Gedanke, alle politische Gewalt sei letztlich im Volk verankert, gewann an Gewicht. In Abwehr des päpstlichen Approbationsanspruchs (II. 3.) nahm Kaiser Ludwig der Bayer an seinem Münchner Hof führende Intellektuelle seiner Zeit auf, deren kritische Distanz zum Papsttum die Position der weltlichen Gewalt argumentativ starkte. Wenn das Papsttum ausschließlich im geistlichen Raum tätig bleiben sollte, wie der aus England stammende Franziskaner Wilhelm von Ockham (gest. 1347) nachdrücklich lehrte, dann musste alle legitime weltliche Herrschaftsgewalt unmittelbar von Gott stammen, vermittelt jedoch «durch Menschen». Diesen Gedanken erörtert der gleichfalls am Kaiserhof lebende Mediziner Marsilius von Padua (gest. 1343) ausführlicher in einer «*Defensor Pacis*» («Verteidiger des Friedens») betitelten Schrift, die erneut dem Werk des Aristoteles verpflichtet ist. Danach beruht eine gemäßigte Herrschaft im Staate letztlich auf dem Willen des Volkes, mag sie auch durch Erbfolge erworben sein. An Entscheidungen muss daher die Bürgerschaft oder doch deren bedeutenderer Teil (*«valencior pars»*) beteiligt sein. Die Wahlmonarchie, wie sie das Reich im 14. Jahrhundert kannte, gilt als die angemessene Regierungsform.

Noch in anderer Beziehung bereitete das staatstheoretische Denken den Wandel der politischen Welt am Ende des Mittelalters vor. Aus seiner theologischen Erkenntnis, dass die Welt aus dem freien Willen Gottes hervorgegangen sei, hatte der schottische Franziskaner Duns Scotus (gest. 1308) einen Begriff des Gesetzes entwickelt, das dieses allein als Hervorbringung eines Willensaktes verstand. «Voluntarismus» hat die Wissenschaft in neuerer Zeit diese Denkschule genannt. Wilhelm von Ockham unterschied daher das Naturrecht von den positiven, willentlich durch Vertrag oder Gebot zustande gekommenen Gesetzen der weltlichen Gewalten, und Marsilius von Padua verstand die Gesetzgebung schon als wichtigstes Instrument herrschaftlichen Handelns – ein geradezu modern anmutendes Modell der Politik, das sich von dem nur befriedenden Rechtsschutz durch Gerichte deutlich unterschied. Inhaltlich blieben solche Überlegungen allerdings noch lange an die schon skizzierten Staatszwecke des Aristotelismus gebunden und nicht weniger durch die Idee eines dauerhaft und unantastbar geltenden Naturrechts geprägt. Die Aktivität eines willkürlich tätigen Gesetzgebers lag noch außerhalb des damaligen Vorstellungsvermögens.

III. Deutsche Staatlichkeit im Alten Reich der Neuzeit

1. Die Reichsreform: Reichssteuerpflicht und «Ewiger» Landfrieden

Das Ende des Mittelalters leiteten schon im Laufe des 15. Jahrhunderts kriegerische Ereignisse ein, denen die bisherigen Mittel der Krisenbewältigung nicht mehr gewachsen waren. Der innere Frieden im Reich war durch eine Häufung verheerender Fehden erheblich gestört, weil Fürsten die jetzt unter dem Einfluss von Juristen stehende königliche Gerichtsbarkeit nicht mehr akzeptierten (II. 4.). Der Reformbedarf war offensichtlich, Reichsreformvorschläge machten die Runde und wurden auf Hoftagen und in Reichsversammlungen verhandelt. Von gleichem Gewicht für die Staatsbildung in Deutschland sollte sich die Notwendigkeit einer grundlegenden Reform der Kriegsfinanzierung erweisen. Seit 1419 führte das Reich über ein Jahrzehnt hinweg gegen die böhmischen Hussiten einen Ketzerkrieg, dessen Erfolglosigkeit Reformen erzwang. 1422 fertigte man eine erste «Reichsmatrikel» an, das heißt eine Liste der zur Reichshilfe verpflichteten Herrschaftsträger, und legte die Anzahl der zu stellenden Truppen fest. 1427 versuchte eine Reichskriegssteuerordnung in Hinblick auf den geistlichen Zweck des Konflikts das kirchliche Vermögen heranzuziehen und Kopfsteuern über die Pfarreien aufzubringen. Inzwischen jedoch drohte Gefahr von anderer Seite. Osmanische Heerscharen hatten schon im 14. Jahrhundert weite Teile des Balkans unter ihre Kontrolle gebracht. 1453 eroberten sie auch Konstantinopel. Seit 1471 fielen ihre Angst und Schrecken verbreitenden Vorboten in die Steiermark ein. Eine eilig nach Regensburg berufene Reichsversammlung beschloss nun ein Kriegssteuersystem, das die Erhebung der Steuern von den Untertanen durch die jeweiligen Landesherren nach Maßgabe der diesen zu leistenden Abgaben vorsah.

Damit musste die Frage entschieden werden, welche Herrschaften dem Reiche unmittelbar zugehörten, somit diesem direkt steuerpflichtig waren, und wer andererseits die für das Reich bestimmte «Türkensteuer» einem höheren Herrn zur Weiterleitung an das Reich zu übergeben hatte. Die Reichsunmittelbarkeit der Fürsten als Inhaber von Reichslehen verstand sich von selbst (II. 5.). Für einige Bischöfe, auch Grafen und freie Herren, nicht zuletzt zahlreiche Abteien und Städte, schien das aber zweifelhaft. Territoriales Denken verdrängte nun endgültig nur personale Beziehungen und Königsnähe. Zahlreiche Streitigkeiten, die sich weit in das 16. Jahrhundert hineinzogen, waren die Folge. Denn an der Pflicht, dem Reiche direkt zu steuern, hing fortan das «Reichsstandschaft» genannte Recht, Sitz und Stimme im Reichstag wahrzunehmen (III. 4.). Dafür galt die auf dem Wormser Reichstag von 1521 beschlossene Reichsmatrikel als beweiskräftigstes Indiz. Sie dokumentiert Truppenstärken und die ersatzweise zu leistenden Geldbeträge für die sieben Kurfürstentümer, 50 geistliche und etwa 30 weltliche Fürstentümer, rund 70 Prälaten, über 130 Grafen und Herren sowie mehr als 80 Städte. Später sollte sich die Zahl der geistlichen Reichsstände infolge der Reformation und die der Grafen und Herren nach Erlöschen mehrerer Familien erheblich verringern, während sich der Kreis der weltlichen Fürsten infolge Landesteilungen und Standeserhöhungen erweiterte. Allein dem Kaiser unterstanden im 18. Jahrhundert nur noch 51 Reichsstädte. Doch trotz dieser Schwankungen hatte die Territorienbildung im Reich durch den Mechanismus der Reichssteuer einen gewissen Abschluss erreicht. Hervorgegangen aus diesem

Prozess war freilich auch die anachronistisch anmutende Figur der Reichsritterschaft: Weil der Ritter nicht Steuern zahle wie der gemeine Mann, sondern mit seinem Leibe diene, sei er auch von dieser Steuer befreit. So verweigerte sich der niedere Adel in Franken, Schwaben und am Rhein den Steuerforderungen der Fürsten, um dann aber dem Kaiser direkt «freiwillige» Subsidien zu erbringen. Die Reichsunmittelbarkeit adliger Kleinstterritorien war das Ergebnis. Zugang zum Reichstag erhielten sie nicht.

Das kriegerische Fehdewesen im Inneren des Reiches ließ sich nur durch eine grundlegende Reform der höchsten Gerichtsbarkeit beenden. Die Fürsten verlangten ihre Beteiligung am Königsgericht und beharrten darauf, Urteile selbst zu vollstrecken und diese Aufgabe nicht etwa kaiserlichen Hauptleuten zu übertragen. König Maximilian I. hat schließlich auf dem Wormser Reichstag 1495 eine Lösung zugestanden, die den Vorstellungen der Reichsstände weit entgegenkam. Vier Reichsgesetze aus jenem Jahr markieren seitdem einen Einschnitt in der deutschen Verfassungsgeschichte, der als eine Epochengrenze zwischen Mittelalter und Neuzeit erscheint: die Verkündung eines zeitlich unbegrenzten Fehdeverbots im sogenannten «Ewigen Landfrieden», die Errichtung des Reichskammergerichts mit einem hochadeligen Richter und einer hälftig mit gelehrten Juristen und Adeligen besetzten Urteilerbank, der Erlass einer Exekutionsordnung mit Namen *«Handhabung Friedens und Rechts»*, die den Fürsten anvertraut wurde, und eine Ordnung des *«gemeinen Pfennigs»* zur Finanzierung sowohl dieser Maßnahmen wie auch der Türkenabwehr.

Dieses umfassende Gesetzgebungswerk erfüllten die beteiligten politischen Kräfte – «Kaiser und Reich» – in unterschiedlicher Weise mit Leben; es beschäftigte sie noch auf vielen Reichstagen. Fehden führten einzelne Fürsten und Ritter unbeirrt noch bis zur Mitte des 16. Jahrhunderts, erfolgreich bekämpft freilich von Koalitionen ihrer Standesgenossen als Exekutoren des Landfriedens. Das von den Reichsständen besetzte Reichskammergericht begann, nach Startschwierigkeiten, eine Erfolgsgeschichte als Landfriedensgericht zu schreiben, das nicht nur «*nach des Reichs gemainen Rechten*» entschied und damit die Rezeption des gelehrten Rechts förderte (II. 4.), sondern auch «*Ordnungen, Statuten und Gewonhaiten der Fürstenthumb, Herrschaften und Gericht*» berücksichtigte. Aus dieser doppelten Orientierung an zwei grundverschiedenen Rechtstraditionen erwuchs eine pragmatische Judikatur, die einen wesentlichen Beitrag zur «Verrechtlichung» politischer Konflikte leistete. Den 1498 reorganisierten und bald so genannten «Reichs» Hofrat konnte das neue Gericht allerdings nicht entmachten. Der Kaiser dachte nicht daran, auf sein höchstrichterliches Amt zu verzichten (III. 4.). Den «*gemeinen Pfennig*» aber, wie geplant, als flächendeckende Kopfsteuer zu erheben, gelang nur selten. Die Matrikularsteuer, die dem unterschiedlichen Leistungsvermögen der einzelnen Territorien besser Rechnung trug, blieb wichtigste Finanzquelle des Reiches. Den Unterhalt des Reichskammergerichts sicherte seit 1548 der «*Kammerzieler*», erhoben gleichfalls auf der Grundlage der Reichsmatrikel.

Führende Fürsten wollten die Reichsstände stärker und stetig an der Leitung des Reiches beteiligt sehen. Sie trotzten im Jahre 1500 Maximilian I. und 1521 Karl V. die Einrichtung eines von ihnen mit 20 Personen zu besetzenden «Reichsregiments» mit Sitz in Nürnberg ab. Es scheiterte jeweils nach wenigen Jahren an der Weigerung des Kaisers, Teilhabe an seiner Macht zu gewähren. Aber die mit dem Reichsregiment geborene Idee, das Reich in «*Kreise*» einzuteilen, um für eine repräsentative Vertretung seiner verschiedenen Regionen in dem neuen Gremium zu sorgen, erwies sich für die Entwicklung des Reiches als nützlich. Seit 1512 waren die großen und kleinen Herrschaftsträger dem burgundischen, schwäbischen, fränkischen, oberrheinischen, kur- oder niederrheinischen, niederländisch-westfälischen, niedersächsischen, obersächsischen, bayerischen und österreichischen Reichskreis zugeordnet. Diese Organisationsmaßnahme erleichterte die Vollstreckung der von den Reichsgerichten gefällten Urteile und die gemeinsame Gewährleistung der inneren Sicherheit, insbesondere in solchen Gegenden, in denen es eine dominierende Regionalmacht nicht gab, wie in Franken, Schwaben und am Rhein.

Die Reichstage des 16. Jahrhunderts haben sich auch auffallend intensiv um eine für alle Glieder des Reiches verbindliche Reichsgesetzgebung bemüht. In dieser Zeit verband die regierenden Obrigkeiten ein gemeinsames Interesse an der Besserung des moralischen und christlichen Lebenswandels ihrer Untertanen, wie schon der Aristotelismus nahelegte (II. 7.) und nun die Reformation forderte. Und schärfer als zuvor erkannte man gemeinsame Ordnungsaufgaben, die ein reichseinheitliches Vorgehen verlangten oder kleinere Landesherren überforderten. 1512 trat eine für die Verlässlichkeit des Urkundenwesens wichtige Notariatsordnung in Kraft; zugleich setzte die lange Reihe der Verbote kaufmännischer Monopole ein. Seit 1524 wurden Münzordnungen für das ganze Reich erlassen, seit 1530 vielfältige Verhaltensregeln in Ordnungen der «guten Policey» (III. 3.), in endgültiger Gestalt schließlich 1577. Mit der *Peinlichen Gerichtsordnung* Kaiser Karls V. («Carolina») erhielt das Reich 1532 ein subtil durchdachtes Straf- und Strafprozessgesetz, dessen richtungsweisender Charakter durch die zunächst nur unvollkommene Umsetzung in der Praxis kaum beeinträchtigt wurde. Zu dieser lebhaften Gesetzgebung gehörten auch mehrfache Erneuerungen des dauerhaft angeordneten Landfriedens und Reformen der Reichskammergerichtsordnungen. Die Reichstage hatten sich zu einem Forum reichsweiter Kommunikation und rechtspolitischer Aktivität entwickelt.

2. Auf dem Wege zum Religionsfrieden

Zugleich erlebt das Reich im Zeitalter der Reformation seine tiefste Krise. Sie hat nicht nur den «*Zwyspalt*» der Religion zur Ursache, sondern in kaum geringerem Maße den macht- und verfassungspolitischen Gegensatz zwischen dem monarchischen Selbstverständnis des Kaisertums und dem Herrschaftsanspruch der deutschen Fürsten in ihren Ländern (II. 5.). Der Kaiser begriff sich als Schutzherr katholischer Rechtgläubigkeit, die Fürsten dagegen sahen sich schon lange vor Luther in der Verantwortung für die christliche Lebensführung ihrer Untertanen.

Dieses «vorreformatorische Kirchenregiment» schloss auch ein fiskalisches Interesse an den reichen kirchlichen Vermögen ein. Einfluss auf den Konflikt zwischen dem Kaiser und den mehrheitlich bald dem Luthertum zuneigenden weltlichen Fürsten hatten auch machtpolitische Faktoren. Im Bauernkrieg der Jahre 1524/25 erlebten die Zeitgenossen, wie sich soziale Spannungen unter dem Eindruck eines erneuerten religiösen Denkens explosiv entladen konnten. Die auf Anraten Luthers schon 1525 vollzogene Umwandlung des Deutschordensstaates in Preußen in ein weltliches Herzogtum ließ die kaiserliche Partei ahnen, welche Gefahren nun der Reichskirche drohten. Und bei alledem war von beiden Konfliktpartnern stets die von den Türken drohende Gefahr ins Kalkül zu ziehen. Sie hatten 1526 bei Mohács die Ungarn überwunden und belagerten 1529 erstmals Wien, das sich dieses Angriffs nur mit knapper Not erwehren konnte.

Martin Luthers Thesen aus dem Jahre 1517, die er an hohe kirchliche Würdenträger und an Theologen versandt hatte, zogen einen Ketzerprozess mit der Verhängung des Kirchenbannes nach sich. Der Kaiser war nun gehalten, die Acht zu verhängen. Doch auf Drängen des Kurfürsten von Sachsen lud der Kaiser Luther vor den Wormser Reichstag von 1521, wo er indessen den Widerruf seiner für häretisch erklärten Sätze verweigerte. Die nunmehr mit dem «Wormser Edikt» verhängte Reichsacht vollstreckte Luthers Landesherr nicht, sondern schützte ihn auf der Wartburg. Die Fürsten begannen, sich in ersten altkirchlich oder reformatorisch gesonnenen Einungen zu verbünden. Während der Kaiser nun für sieben Jahre in Spanien weilt, sieht sich sein Bruder Ferdinand auf dem Reichstag zu Speyer 1526 gezwungen, den Vollzug des Wormser Edikts den Fürsten anheimzustellen, *«für sich also zu leben, zu regieren und zu halten, wie ein jeder ein solches gegen Gott, und kaiserl. Majestät hoffet und vertraut zu verantworten».* Die reformatorischen Maßnahmen gegen den altkirchlichen Kultus, die Aufhebung von Klöstern und die Einziehung kirchlicher Vermögen riefen indessen die katholische Reichstagsmehrheit auf den Plan, die 1529 beschloss, dass katholische Gottesdienste auch unter lutherischen

Landesherren stattfinden dürfen. Deren *«Protestation»* gegen
diesen Kurswechsel folgte auf dem Fuße, indem sie sich dagegen
verwahrten, in Gewissensfragen einem Mehrheitsbeschluss unterworfen zu werden. Ganz unterschiedliche Wege des Rechts-
denkens begannen sich abzuzeichnen. Die letzte große Begegnung der beiden Religionsparteien fand 1530 auf dem Augsburger Reichstag in Gegenwart des Kaisers statt, als Melanchthon
mit der *Confessio Augustana* den Glauben der Lutheraner ver-
teidigte und Johannes Eck die katholische Position bekräftigte.
Nicht Einheit im christlichen Glauben, sondern Konfrontation
war das Ergebnis. Der Kaiser erneuerte das Wormser Edikt gegen die in Zukunft so genannten *«Augsburgischen Konfessions-
verwandten»* und stellte die altkirchliche Religionspraxis unter
den Schutz des Landfriedens.

Die Lutheraner schlossen sich nun 1531 in Schmalkalden in
einem Verteidigungsbündnis zusammen und erzwangen 1532
angesichts drohender Türkengefahr im Nürnberger «Anstand»
erstmals die Duldung ihres Glaubens und ihrer reformatorischen Maßnahmen, befristet bis zu einem allgemeinen Konzil.
Doch das 1545 in Trient eröffnete Konzil entsprach nicht den
Vorstellungen der Protestanten und der Kaiser schritt 1546 zum
Vollzug der Reichsacht, was ihm durch seinen Sieg im «Schmal-
kaldischen Krieg» auch zu gelingen schien. Mit dem «Augsburger Interim» verkündete er 1548 eine Art von Reichsreligion.
Sie erlaubte den Lutheranern die Priesterehe und den Laien-
kelch – ein Kompromiss, mit dem weder Lutheraner noch Katholiken zufrieden waren. 1552 nimmt Moritz von Sachsen mit
Unterstützung protestantischer Fürsten und des französischen
Königs den Krieg gegen den überraschten Kaiser wieder auf. Es
geht jetzt nicht nur um die Religion, sondern auch gegen das
monarchische Gebaren des Kaisers, also um die Freiheiten der
Reichsstände. Daher bleiben die drei geistlichen Kurfürsten am
Rhein und der katholische Herzog von Bayern neutral. Mit den
erfolgreichen «Kriegsfürsten» schließt König Ferdinand noch
1552 in Passau einen Vertrag über einen alsbaldigen Vergleich
im Religionsstreit.

Aus heutiger Sicht lässt sich der Augsburger Religionsfrieden von 1555 unterschiedlich interpretieren: einerseits als ein Dokument von epochaler Bedeutung, das der gegenseitigen Duldung einander widersprechender Religions- und Kirchenkonzepte des Christentums den Weg gebahnt hat, andererseits als eine ausgeklügelte Verschleierung grundlegender Streitfragen, die verschiedene Auslegungen zuließ. Gemeinsam war den Verhandelnden der aufrichtige Wunsch, den Landfrieden auf das Religionswesen zu erstrecken – bis zu einer Einigung auf einem «General-Concilium» oder in einer «National-Versammlung», notfalls jedoch «als ewig währender Fried». Doch diesem Ziel lagen unterschiedliche Motive zugrunde. Während die Katholiken an der Erhaltung des Status quo und damit an der Bewahrung ihrer Religionspraxis und des noch vorhandenen Kirchenbesitzes interessiert waren, strebten die Lutheraner die gleichberechtigte Anerkennung ihres Glaubens und die «Freistellung» der Untertanen an, damit jedem das Bekenntnis zum wahren Evangelium ermöglicht werde. Nicht gedacht war an eine allgemeine Religionsfreiheit. Nur Lutheranern und Katholiken, nicht Calvinisten oder gar Wiedertäufern, war der Frieden zugedacht.

Im Mittelpunkt des Religionsfriedens stehen die beiderseitigen Friedensversprechen, Religion, Kirchengebräuche und Güter der andersgläubigen Reichsstände zu respektieren, besonders auch das Gewissen der Lutheraner. Es geht also um die Glaubensfreiheit der Reichsstände, das heißt der Fürsten und anderer Landesherren bis hinunter zu den Reichsrittern. Damit fand erneut deren religionsrechtliche Kompetenz reichsrechtliche Anerkennung. Später bürgerte sich der Begriff des *Ius reformationis* oder des Reformationsrechts ein. Auch der bekannte Satz «*Cuius regio, eius religio*» («Wessen das Gebiet, dessen die Religion») kommt im Religionsfrieden noch nicht vor. Der Sache nach aber war genau dieses gewollt, Religionsverschiedenheit unter einem Herrn noch undenkbar. Wer an einem abweichenden Glauben festhielt, dem gestattete der Religionsfrieden die Auswanderung nach Verkauf seiner Habe – ein Recht, das sich in den Augen der Landesherren auch als Ausweisungsbefugnis gebrauchen ließ. Nicht erfasst vom Friedensversprechen der Lutheraner waren die mittelbaren, also nicht einem katholischen Reichsstand gehörenden Kirchengüter in den Territorien lutherischer Landesherren, also die Masse der dort gelegenen Pfarreien, Kloster- und Stiftsgüter. Deren Umwidmung gehörte gerade zu den zentralen Zielen reformatorischer Religionspolitik. An anderer Stelle war daher davon die Rede, dass die «*seithero*» eingezogenen Güter «*in diesen Friedstand mit begriffen*» sein sollen. Katholischen Juristen drängte sich damit aber die Möglichkeit eines Umkehrschlusses auf: Für die Zukunft sei der Einzug katholischer Kirchengüter nicht mehr vom Frieden erfasst und somit unerlaubt. Beinahe gescheitert wäre das Vertragswerk an der weiteren Frage, was im Falle des Übertritts eines geistlichen Fürsten zum Luthertum zu geschehen habe. König Ferdinand bestand auf Abdankung und Wahl eines altgläubigen Nachfolgers, um den katholischen Charakter der Reichskirche zu erhalten. Die lutherischen Fürsten vermochten dieser Ausnahme vom landesherrlichen Reformationsrecht nicht zuzustimmen. Sie akzeptierten lediglich, dass Ferdinand seinen «Geistlichen Vorbehalt» einseitig in den Religionsfrieden einfügte – eine Einigung über das Faktum der Nichteinigung! Eine weitere Ausnahme, die Tolerierung seit «*langer Zeit*» lutherischer Ritter und Städte in geistlichen Territorien, gestand der König nur in einem separaten Dokument zu, über dessen rechtliche Verbindlichkeit man später trefflich streiten konnte («*Declaratio Ferdinandea*»).

Der Augsburger Religionsfriede hat die konfessionellen Bewegungen nicht stoppen und spätere Konflikte nicht verhindern können. Aber er hat das Nebeneinander mehrerer Konfessionen im Reich seit 1555 dauerhaft gesichert. In der zweiten Hälfte des 16. Jahrhunderts allerdings verschärfte sich die konfessionelle Konfrontation. Einerseits wegen gegenreformatorischer Maßnahmen in den katholischen Territorien nach Abschluss des Konzils von Trient 1563 trotz der *Declaratio Ferdinandea*, andererseits wegen der fortdauernden Einziehung von Kirchengut in den protestantischen Gebieten und der Säkularisierung ehemals katholischer Hochstiftsgebiete in Mittel- und Norddeutschland. Dort hatte der «Geistliche Vorbehalt» mehrmals versagt, weil sich auch die zur Bischofswahl berechtigten Domherren zum Luthertum bekannten. Die unterschiedlichen Auslegungen des Augsburger Religionsfriedens hatten eine heftige Polemik ausgelöst. Das paritätisch mit Assessoren beider Religionsparteien besetzte Reichskammergericht brachte Mehrheitsentscheidungen für Urteile über Konflikte dieser Art nur selten zustande. Die gegensätzlichen Prämissen gestatteten unterschiedliche juristische Argumentationswege. Die Visitation des Reichskammergerichts durch den Reichstag aber war seit 1588 unmöglich geworden, weil in diesem Jahre der von den katholischen Reichsständen nicht anerkannte evangelische Administrator des Erzbistums Magdeburg in der zuständigen Reichstagskommission hätte Platz nehmen müssen.

Die Krise führte zum Krieg, als die böhmischen Stände den calvinistischen Kurfürsten Friedrich V. von der Pfalz zum König von Böhmen wählten und mit dem bekannten Fenstersturz der kaiserlichen Statthalter die habsburgische Herrschaft zu beenden gedachten. Das Kaiserhaus sah sich herausgefordert, nicht zuletzt deshalb, weil damit im Kurfürstenkollegium eine protestantische Mehrheit entstanden und die Möglichkeit eines nicht mehr habsburgischen, nicht mehr katholischen Kaisertums eröffnet worden wäre. Ein kriegerischer Konflikt war 1618 voraussehbar

3. Von der mittelalterlichen «Herrschaft» zur neuzeitlichen «Obrigkeit»

Mittelalterliche Adelsherrschaft beruhte auf dem persönlichen Stand des freien Herrn, der seine Ehre zu wahren und seine Macht zu mehren suchte. Für das Verhältnis zum gemeinen Mann galten die aus der Antike überlieferten Herrschertugenden der Weisheit, Gerechtigkeit, Mäßigung und Tapferkeit als ausreichend, um das Gemeinwesen so, wie es Gott geordnet hatte, zu erhalten (II. 5., 7.). Im Laufe des 15. Jahrhunderts war ein Wandel dieses Denkens nicht mehr zu übersehen. Denn zunehmend bestimmten politische Aspekte im ursprünglichen Sinne des Wortes das Handeln des Herrschers. *«Gute Policey»* im

Sinne der aristotelischen «Politik» zu verwirklichen (II. 7.), um die nun so genannten *«Untertanen»* zu einem gottgefälligen Leben anzuhalten und den gewohnten Gang der Ökonomie zu sichern, erforderte zweckrationale Aktivitäten, die über die Erhaltung und Mehrung des eigenen Besitzes weit hinausreichten. Dafür war aus dem burgundischen Raum der Begriff der *«Ordonancion»* bekannt geworden, der nun in Deutschland als *«Ordnung»* ebenso rasch Karriere machte wie das etwa gleichzeitig aufkommende und bald inflationär verbreitete Wort *«Obrigkeit»*. Die Ordnungen enthielten normative Regelungen der Obrigkeiten, Fürsten und städtischen Magistrate, die mit Geboten und Verboten das Verhalten der Untertanen zu steuern versuchten. Sie hatten im zeitgenössischen Verständnis mit dem überkommenen *«Recht»* einheimischer oder gelehrter Art, das die Gerichte und die Juristen kannten, nichts zu tun. Das Spektrum der in den Policey- und Landesordnungen geregelten Materien blieb vom bisher bekannten Recht aber nicht säuberlich getrennt. Es reichte von der rechten Lebensführung bis zum Wirtschaften der Handwerker und Kaufleute und dem Umgang mit Bettlern und Landfahrern, umfasste aber mit Anordnungen zum gerichtlichen Verfahren und Vorschriften für Rechtsgeschäfte auch Themen, die von den Gerichten zu beachten waren. Gotteslästerungen und Flüche werden nachdrücklich kriminalisiert, um Gottes Zorn fernzuhalten; dem Trunk entgegenzuwirken mit Regeln für das Schankwesen und dem Verbot des «Zutrinkens» dient demselben Zweck; ausführliche Kleidervorschriften sollen die Standeszugehörigkeit sichtbar machen und erhalten.

Vor dem Hintergrund solcher Aufgaben wandelte sich die Herrschaft zur Regierung. Der ehedem offene Beraterkreis des Fürsten verfestigte sich spätestens im frühen 16. Jahrhundert überall zu einem Hofrat, der mit fixierter Mitgliederzahl und strikten Verfahrensregeln den Typus des Kollegialorgans herausbildete, das bis zur Schwelle des 19. Jahrhunderts das Behördenwesen beherrschte. Sein Sinn lag im Gegensatz zum modernen Ressortprinzip darin, jeden der Räte mit allen anfallenden Sachen bekannt zu machen und eine gemeinsame Entscheidung herbeizuführen. Zu diesem Zweck richtete der Vorsitzende – ein hoher Hofbeamter oder der Landesherr selbst – zu der vorliegenden Sache eine *«Umfrage»* an die teils adeligen, teils juristisch gebildeten Räte in der Reihenfolge ihres Ranges und Alters. Indem so die gleichzeitige Stimmabgabe aller vermieden wurde, war die Ständeordnung mit dem grundsätzlich anerkannten Mehrheitsprinzip vereinbar. Der Fürst freilich konnte jederzeit vom Votum des Ratskollegiums abweichen. Doch die Aufgabe des mehrmals wöchentlich tagenden Hofrats war es, den Landesherrn von der Fülle der eingehenden Sachen zu entlasten. Seine Zuständigkeit erstreckte sich nicht nur auf Fragen der großen Politik und der herrschaftlichen Rechte, sondern umfasste auch die Beratung der von den Untertanen eingehenden Bittschriften *(«Supplikationen»)* und Klagen, denen sich ein Fürst als Vertreter im königlichen Richteramt nicht entziehen durfte. Daneben konnte ein Hofgericht tätig werden. Ausgenommen von der Zuständigkeit des Hofrats waren nur Finanzsachen, also die Verwaltung der Einnahmen und die Kontrolle der Ausgaben. Dafür blieb oft noch immer ein Landesrentmeister zuständig. In größeren Territorien allerdings entstand schon im 16. Jahrhundert eine Hofkammer, die auch Vermögensfragen der landesherrlichen Grundherrschaften behandelte, wie die Fronen der Untertanen oder die Nutzung der zu diesem «Kammergut» gehörenden Liegenschaften.

In der älteren Forschungsliteratur ist das Staatswesen des 15. und 16. Jahrhunderts oft als «Ständestaat» bezeichnet worden, weil in dieser Zeit Ritter, Prälaten und landsässige Städte – im Alpenraum sogar Bauern – als Landstände (II. 5.) in den meisten Territorien eine wichtige politische Rolle spielten. So bei der Bewilligung außerordentlicher Steuern und der Beratung der Finanzen, in den Erörterungen über zu erlassende Policeyordnungen, durch die Beteiligung an vormundschaftlichen Regierungen für minderjährige Fürsten. Die Landstände vertraten Landesinteressen und repräsentierten insofern das Land. Sie bildeten mit ständigen Ausschüssen sogar Ansätze eigener Behördenstrukturen aus. Und es trifft zu, dass die Bedeutung dieser landständischen Mitwirkung seit dem 17. Jahrhundert abnimmt

(III. 6). Aber schon vorher verkörperte fast überall im Reich die fürstliche Obrigkeit die stärkere politische Kraft. Das bezeugen gerade auch die jetzt in verschiedenen europäischen Staaten und gelegentlich auch im Reich vorkommenden Verträge zwischen Fürst und Landständen, wie der «Tübinger Vertrag» von 1514. In diesem verspricht der württembergische Herzog unter anderem, die Landstände an politischen Entscheidungen mit erheblichen finanziellen Konsequenzen zu beteiligen und Strafen an Leib und Leben nur *«mit urtail und recht»*, also in ordentlichen Verfahren, zu verhängen. Weil dem Landesherrn jetzt mit dem ungewohnten Gesetzgebungsrecht ein Machtinstrument in die Hand gegeben war, das Untertanen und Stände gefährdete, war das Bedürfnis, sich durch rechtliche Garantien zu schützen, gewachsen.

Das reformatorische Kirchenregiment und seit dem letzten Drittel des 16. Jahrhunderts auch die katholischen Maßnahmen der Kirchenreform und Gegenreformation verschafften den Obrigkeiten nicht nur neue Kompetenzen, sondern auch eine zusätzliche politische Legitimation. Lutherische Fürsten regelten – oft gemeinsam mit den Landständen – eine Fülle innerkirchlicher Angelegenheiten, wie Gottesdienst und Sakramente, die kirchlichen Ämter und Visitationen, das Schul-, Spital- und Armenwesen. Nicht selten beteiligte sich der Landesherr selbst an der Beratung theologischer Bekenntnisfragen. Daraus resultierten Pflichten der Untertanen, etwa die Gottesdienste regelmäßig zu besuchen und die Beziehungen der Geschlechter einem strikten Reglement und Eheschließungsrecht zu unterwerfen. Wer den Sonntag zur Zeit des Gottesdienstes im Wirtshaus verbrachte, außereheliche Beziehungen unterhielt oder Ehebruch trieb, hatte mit harten Strafen zu rechnen, ebenso, wer der Trunksucht oder dem Müßiggang ergeben war. Auch unter dem Regiment katholischer Landesherren nahm die von der Wissenschaft so genannte «Sozialdisziplinierung» ihren Lauf, mit dem regelmäßigen Sakramentenempfang als einem Schwerpunkt der Verhaltenspflichten. Bei Protestanten wie Katholiken kontrollierten geistliche und weltliche Amtsträger Hand in Hand die Untertanen. Als mit dem Calvinismus ein wesentlich radikaleres

Reformationskonzept einige Anhänger im Kreise der Obrigkeiten gewann, traf es die von dieser Konfession betroffenen Untertanen noch härter. Unter calvinistischen Herren konnte Sünde auch öffentlich bekannt gemacht werden und zum zeitweiligen Ausschluss aus der Gemeinde führen.

Die Auswirkungen dieser Politik, die im Laufe des 18. Jahrhunderts an Elan verlor, reichen weit über die damalige Epoche hinaus. Da ist zum einen der Gehorsam des Untertanen und später des Staatsbürgers gegenüber den Gesetzen, denen sich niemand mehr entziehen konnte. Dabei kam den Strafgesetzen von nun an eine besondere Bedeutung für die Sozialkontrolle der Gesellschaft zu. Die Jurisprudenz hielt von Gnade nicht viel, Luther hatte sie für diese Welt verworfen. Unter den Obrigkeiten der frühen Neuzeit gewann die Staatsgewalt ihr endgültiges Gesicht. Der verständige Untertan, der aus Einsicht gehorchte, wuchs langsamer nach. Doch komplementär zur Verdichtung der Verhaltensregeln begann sich allmählich das Bildungswesen in größerer Breite zu entwickeln. Gottes Wort verlangte nach Lesern. Die Landesherren protestantischer Territorien haben daher mit dem Beginn ihrer reformatorischen Maßnahmen das Schulwesen gefördert, die Katholiken zogen später mit den Gymnasien der Jesuiten nach. Etwa zwei Dutzend Universitäten verschiedener religiöser Prägung entstanden im konfessionellen Zeitalter, zum Beispiel Marburg 1527/41, Jena 1558 und Würzburg 1582. Auch wenn sich die Alphabetisierung des einfachen Volkes tatsächlich über viele Generationen hinzog, so ist doch die Initialzündung durch die Religionslehre nicht zu übersehen. Den nächsten Schub nun überwiegend säkularer Bildungspolitik hat dann die Aufklärung ausgelöst (III. 5. u. 6.).

4. Das Reich als Hüter alter Rechte

Die Institutionen des Reiches blieben bis zu seinem Untergang im Jahre 1806 bestehen. Das Kaisertum, die im Reichstag versammelten Reichsstände, die Reichskreise und die beiden höchsten Reichsgerichte bildeten den verfassungsrechtlichen

Rahmen (III. 1.), der dem Rechtsherkommen mit dem unübersehbaren Geflecht «*wohlerworbener Rechte*» *(iura quaesita)* großer Herren und kleiner Leute Schutz gewährte. Die moderne Wissenschaft charakterisiert die Verfassung des Alten Reiches als Rechts- und Friedensordnung. Sie gewann ihr endgültiges Gesicht freilich erst nach der schweren Krise des Dreißigjährigen Krieges 1648 mit den Vereinbarungen des Westfälischen Friedens, den der Kaiser und Repräsentanten katholischer und protestantischer Reichsstände mit Frankreich und Schweden schlossen. Er gehörte mit der Goldenen Bulle (II. 1.) und dem Augsburger Religionsfrieden (III. 2) fortan zu den «*Reichsgrundgesetzen*».

Die Kaiserwürde hatte seit Ferdinand I. ihren sakralen Charakter eingebüßt (II. 2.). Das politische Gewicht der Kaiserwürde schätzten die Zeitgenossen indessen hoch ein. In den Verhandlungen vor dem Frieden von 1648 war es den Verfechtern der reichsständischen «Libertät» nicht gelungen, die Rechte des Kaisers enumerativ festzulegen, also in einem Katalog aufzulisten und damit zugleich zu begrenzen. Der Kaiser war immer noch Lehensherr der Reichsfürsten und für Streit- und nicht zuletzt Schuldensachen der Reichsunmittelbaren zuständig. Zu ihrer Erledigung entsandte der Reichshofrat kaiserliche Kommissionen. Die auf den ersten Blick bescheidenen «Reservatrechte» des Kaisers – Ernennung von Notaren, Standeserhöhungen, Erteilung von Universitätsprivilegien und dergleichen mehr – täuschen über seine tatsächliche Machtposition gegenüber den meisten Territorialherren hinweg. Nach dem Urteil des bayerischen Ministers und produktiven Rechtsgelehrten Kreittmayr hatte das kaiserliche Amt «*fast in alle materias juris publici großen Einfluß*».

Die Stellung der Reichsstände veränderte der Westfälische Frieden erheblich. Seine Verhandlungsergebnisse atmeten einen neuen Geist, da die Religionsparteien jetzt ihre gegenseitigen Besitzstände nach dem Stand eines «Normaljahres» – 1624 – respektieren mussten. Die damit verbundene Einschränkung des landesherrlichen Reformationsrechts bedeutete, dass gegebenenfalls andersgläubige Untertanen zu dulden waren. Ferner galt der Religionsfrieden fortan auch für die Calvinisten. Und den einst so umstrittenen «Geistlichen Vorbehalt» (III. 2.) erstreckte der Friedensschluss auch auf protestantisch gewordene Hochstifte, deren zum Katholizismus konvertierender Landesherr sein Amt ebenfalls abzugeben hatte. Eine Meisterleistung vorausschauender Konfliktregulierung aber war die Idee, im Falle zukünftiger Religionskonflikte im Reichstag keine Mehrheitsentscheidungen zu treffen, sondern eine verfahrensrechtlich geordnete Konfrontation der Angehörigen beider Religionsparteien herbeizuführen *(Corpus Catholicorum* und *Corpus Evangelicorum)* und dadurch die ursprüngliche Verhandlungssituation wiederherzustellen *(Itio in partes).*

Die Reichstagspraxis gewann alsbald nach dem Friedensschluss ein ganz neues Gesicht. Der Friedensvertrag hatte dem Reichstag die Aufgabe gestellt, eine Reihe wichtiger Verfassungsfragen erneut zu beraten und zu regeln, darunter sogar die Königswahl, die Verhältnisse der Reichskreise und der Reichssteuern, *Policey* und Justiz und anderes mehr. Einige dieser Themen, zum Beispiel die von jedem Kaiser vor seiner Wahl zu beschwörenden Verpflichtungen einer beständigen «Wahlkapitulation» *(capitula iurata),* ließen sich überhaupt nicht endgültig erledigen, andere waren ständig zu beraten. Die seit 1663 in Regensburg versammelten Vertreter der Reichsstände beendeten daher den Reichstag nicht, sondern überführten ihn in die Form eines ständig tagenden Organs des Reiches. Dieser «ewige» Reichstag reichsständischer Gesandter bot den Vorteil kontinuierlicher Kontakte, höherer Professionalität und auch kürzerer Reaktionszeiten gegenüber den Herausforderungen der neuen europäischen Machtpolitik. Als Repräsentanz von Herrschern unterschiedlichen Ranges hatte die Zusammensetzung dieses Reichstags mit späteren Parlamenten nichts gemein. Kurfürsten-, Fürsten- und Städtevertreter berieten in drei getrennten «*Kurien*», und auch dies nur unter den Kurfürsten mit gleicher Stimme. Im Fürstenrat besaßen die etwa 100 Grafen und Herren nur vier gemeinsame Stimmen (Kuriatstimmen) neben den rund 60 Stimmen der weltlichen Fürsten (Virilstimmen) und etwa 40 reichsunmittelbare Prälaten nur zwei Kuriatstimmen neben den ungefähr 30 geistlichen Fürsten. Die Beratungsprozedur berücksichtigte strikt die Rangverhältnisse: Die vom kaiserlichen Prinzipalkommissar unterbreiteten Vorlagen erhielt zunächst der Kurfürstenrat, der seine Stellungnahme dem Fürstenrat zuleitete. Waren die Verhandlungen zwischen diesen beiden Gremien erfolgreich, durfte der Städterat ein Votum abgeben, auf das der Kaiser als Herr der Reichsstädte Einfluss nehmen konnte. Die drei Stellungnahmen bildeten ein «Reichsgutachten», das erst mit der Zustimmung des Kaisers Gesetzeskraft erlangte. Man hat es auf der Ebene des Reiches also verstanden, den tatsächlichen Machtverhältnissen Rechnung zu tragen.

Vielleicht mehr als je zuvor haben die Menschen im 18. Jahrhundert das Reich als ein Gebilde wahrgenommen, das über die bestehenden Rechte wachte. Eine seit dem frühen 17. Jahrhundert entstandene und rasch angewachsene juristische Literatur des deutschen Staatsrechts informierte über die Rechtsverhältnisse des Reiches und erörterte Streitfragen («Reichspublizistik»). Die Reichsgerichte (III. 1.) erfreuten sich breiter Akzeptanz. Am Reichskammergericht sollen insgesamt rund 80 000 Verfahren anhängig gewesen sein. Bis 1689 in Speyer, seitdem in Wetzlar tätig, hatte dieses Gericht eine Routine entwickelt, die sich nicht mit modernen Maßstäben messen lässt. Die Länge der Verfahren eröffnete Spielräume für Vergleichsverhandlungen. Der vorläufige Rechtsschutz aber gegenüber Friedensbrüchen durch gerichtliche Mandate und deren Durchsetzung vor Ort mit Machtmitteln der Reichskreise wirkte rasch und trug zum Frieden im Reich wesentlich bei. Ebenso rastlos tätig war der Reichshofrat. Durch dieses Gremium nahm der Kaiser sein altes Richteramt wahr. Vor dem Reichshofrat klagten hohe Standespersonen und Landstände ebenso wie bürgerliche Korporationen und ganze Dorfgemeinden. Die dort geführten Untertanenprozesse vermitteln eine erste Ahnung zukünftiger Rechtsstaatlichkeit.

5. Neues Denken: Die Autonomie der Politik und das Recht der Natur

Die von der aristotelischen Politologie ausstrahlenden Ideen, die das Gemeinwesen nach antikem Vorbild als eine rein weltliche Angelegenheit begriffen (II. 7.), verbinden das späte Mittelalter und die frühe Neuzeit. Ohne dieses Denken hätte Niccolò Machiavelli (gest. 1527) nicht sein aufsehenerregendes Werk über den Fürsten («*Il principe*») verfassen und 1513 drucken können. Er beschreibt Politik als eine Technik des Machterwerbs und der Machterhaltung ohne ethische Aspekte. Dieses Verständnis der Politik als eines autonomen Handlungsraumes hat nicht nur Illusionen geraubt, sondern der Theorie auch konstruktive Wege gewiesen. Die blutigen Konfessionskriege Frankreichs ließen dort im 16. Jahrhundert die Einsicht reifen, dass es nicht Sache der Staatsgewalt sei, Andersgläubige zu verfolgen und damit Religionsstreitigkeiten zu entscheiden. «Politiker» nannte man die Anhänger dieser Überzeugung. Ihre Gedanken eilten der Epoche weit voraus, weil zunächst noch überall in Europa der Konfessionsstaat das Feld beherrschte (III. 3.). Sie gingen aber deshalb nicht verloren. 1576, vier Jahre nach der blutigen Pariser Bartholomäusnacht, publiziert Jean Bodin (gest. 1596) sein epochemachendes Werk «*Les six livres de la Republique*» (lat. 1586), das die Staatsgewalt über allen sonstigen geistlichen und weltlichen Herrschaftsträgern positioniert: «Die Souveränität ist die höchste Gewalt über Bürger und Untertanen, gelöst von den Gesetzen», was heißen soll: Sie ist mit dem Gesetzgebungsrecht in den von Natur- und göttlichem Recht gezogenen Grenzen ausgestattet *(«Maiestas est summa in cives ac subditos legibusque soluta potestas»)*. Diese für die nächsten Jahrhunderte gültig bleibende Definition, die eine Grenzscheide zwischen Mittelalter und Neuzeit markiert, haben umgehend auch deutsche Juristen und Staatstheoretiker aufgegriffen.

Das Anliegen des Aristoteles in seiner «Politeia», mit empirischer Prüfung historischer Nachrichten die beste Staatsform zu ermitteln (II. 7.), hat im späten Humanismus des 16. und

17. Jahrhunderts sowohl die Staatstheorie inspiriert wie auch einen neuen Blick auf die Geschichte ermöglicht. Der vielleicht kreativste deutsche Staatsdenker jener Epoche, Johannes Althusius (gest. 1638), vertrat in seinem 1603 und erweitert 1614 erschienenen, *«Politica methodice digesta»* betitelten Werk ein ständisches Gesellschaftsmodell und lehrte, alle Staatsgewalt gehöre letztlich dem Volk insgesamt. Seinen Vertretern steht gegen eine tyrannisch entartete Herrschaft ein Widerstandsrecht zu. Der calvinistische Hintergrund des an der kleinen Hochschule Herborn dozierenden und später in Emden als Stadtsyndikus amtierenden Gelehrten stand einer breiteren Wirkung seiner Gedanken im Wege. Maßgebende Staatslehrer setzten alsbald ganz auf die politische Gestaltungskraft des Alleinherrschers. Zu ihnen gehörte der Helmstädter Mediziner, Philosoph, Staatstheoretiker, vor allem aber Aristoteliker und daher «Politologe» Hermann Conring (gest. 1681), dessen historisches Staatsverständnis auch der Jurisprudenz neue Räume erschloss. Er wurde nicht müde zu betonen, dass es keine Kontinuität zwischen dem Reich der Römer und dem der Deutschen gebe und daher in diesem auch keinen Geltungsanspruch des römischen Rechts. Es sei auch nicht durch ein kaiserliches Gesetz eingeführt worden, sondern allmählich in die deutsche Rechtsordnung eingedrungen. Diese zutreffenden Erkenntnisse verlangten nach einer vorrangigen Beachtung der einheimischen deutschen Rechte. So leiteten sie einen Wandel des deutschen Geschichtsbildes ein, in dem die historische Rolle der deutschen Stämme und ihrer Herrscherhäuser in den Vordergrund trat. Seit der Wende zum 18. Jahrhundert weitet sich der Blick auf die Vergangenheit und schlägt sich in ersten großen Geschichtswerken und Quelleneditionen nieder.

Das nun heraufziehende Zeitalter der Aufklärung ist geprägt vom Vertrauen in die Kraft der menschlichen Vernunft. Es empfängt seine stärksten Impulse freilich aus einer Aktualisierung naturrechtlichen Denkens, die von der Begegnung mit den Bewohnern der Neuen Welt ausgelöst worden ist, aber nicht weniger als Antwort auf den zunehmenden Machtanspruch europäischer Herrscher. Am Anfang standen Diskussionen in Spanien, wo die faktische Versklavung der Indios den Widerstand von Missionaren herausforderte und einen Lernprozess über die ursprünglichen Rechte des Menschen auslöste. Die von den Dominikanern und dem unter ihnen herausragenden Las Casas (gest. 1566) begonnenen rechtspolitischen Aktivitäten mündeten in die philosophische Schule der so genannten spanischen Spätscholastik ein. Francisco de Vitoria (gest. 1546) gesteht allen Menschen als vernunftbegabten Wesen, mögen sie nun Christen sein oder nicht, mit Rücksicht auf ihre Gottebenbildlichkeit subjektive Rechte zu, wie etwa das Eigentum. Der Jesuit Francisco Suárez (gest. 1617) entwickelt ein naturrechtlich verstandenes System des Staats- und Völkerrechts mit dem Anspruch, es entspreche der Einsicht menschlicher Vernunft. Von hier springt der Funke des Naturrechts nach Holland hinüber, wo Hugo Grotius (gest. 1645) in seinem Werk *De iure belli ac pacis* (Über das Recht des Krieges und des Friedens) 1625 über zwischenstaatliche und damit auch zwischenmenschliche Beziehungen eine Rechtstheorie entwarf, die, wie er sagte, selbst dann wahr wäre, wenn es Gott nicht gäbe. Die Säkularisierung des Naturrechts durch die Idee des Vertrages ist die große philosophische Leistung dieser Epoche. In Deutschland war es namentlich Christian Thomasius (gest. 1728), der den weltlichen Charakter des Naturrechts durch die strikte Unterscheidung von Recht und Moral besiegelte.

Einen Höhepunkt erreichte die naturrechtliche Deutung des Staates durch den 1651 erschienenen «*Leviathan*» des Thomas Hobbes (gest. 1679). Bei ihm bildet nicht mehr, wie seit Aristoteles allgemein angenommen, die soziale Natur des Menschen und der von ihnen zu schließende Gesellschaftsvertrag die Grundlage des Staates, sondern diese muss wegen des Bestrebens der Menschen, ihren Besitz zu mehren, durch den Fürsten erst geschaffen werden. Denn in Hinblick auf die Begrenztheit der Güter entstehen Konflikte, ein Krieg aller gegen alle, den nur die gemeinsame Unterwerfung unter einen Herrn und seine Gesetze beenden kann. Diese den Absolutismus rechtfertigende Theorie haben deutsche Juristen nicht rezipiert, weil die Reichsverfassung einer unbeschränkten Fürstenherrschaft im Wege

stand. Gleichwohl hat Hobbes zu einem innerweltlichen Rechts-
verständnis beigetragen und nicht zufällig fasziniert er die
Rechtstheorie bis heute. Größere Anerkennung genoss im Reich
das Werk Samuel Pufendorfs (gest. 1694). Seine umfassende
Systematik des Naturrechts unterscheidet den der Staatsbildung
zugrunde liegenden Gesellschaftsvertrag vom Herrschaftsver-
trag, mit dem einer Person die Regierungsgewalt übertragen
wird. Diese Konstruktion liefert die Untertanen nicht einem ab-
soluten Herrscher aus, sondern lässt Raum für die Vorstellung,
er sei in ein Rechtsverhältnis eingebunden und habe daher das
Gemeinwohl zu fördern und individuelle Rechte weitgehend zu
respektieren. Damit werden noch keineswegs Menschenrechte
anerkannt. Der Mensch darf seine Freiheit veräußern, wie die
Jurisprudenz bis weit in das 18. Jahrhundert hinein lehrt. Selbst
John Locke (gest. 1704), der den Schutz von Leben, Freiheit
und Eigentum in das Zentrum des Naturrechts stellt, rechtfer-
tigt noch die Sklaverei.

   Die Wege aufgeklärten Denkens unterschieden sich in den europäischen Staaten. In Frankreich entstanden die großen Ent-
würfe der Gewaltenteilung und der Volkssouveränität. Die dafür grundlegenden Werke *De l'esprit des lois* 1748 von Montes-
quieu und *Du contrat social* 1762 von Rousseau fanden im
Reich zwar ein intellektuelles Interesse. Hier indessen konzentrierte sich die gelehrte Welt auf die Weiterentwicklung der naturrechtlichen Systematik und das methodische Prinzip, aus evi-
denten Grundeinsichten – die Hilfsbedürftigkeit des Menschen
zum Beispiel – Folgerungen zu ziehen, die man für vernunftge-
mäß und damit logisch zwingend hielt. Diese Methode, aus
Axiomen zunächst allgemeine und daraus folgend speziellere
Rechtssätze abzuleiten, perfektionierte der in Halle, zeitweise in
Marburg lehrende Philosoph und Mathematiker Christian
Wolff (gest. 1754). Er gewann damit Anhänger, die im Vertrau-
en auf die Kraft der Vernunft seine Ideen auch an den deutschen
Höfen verbreiteten (III. 6). Erst Immanuel Kant hat mit seiner
Kritik der reinen Vernunft 1781/ 87 die engen Grenzen jener
Methode bewusst gemacht. Überwiegend waren es aber die
«vorkritischen» Elemente der Aufklärung, die das deutsche

Staatsdenken jener Zeit festgehalten und an spätere Generationen weitergegeben hat.

Dazu gehört die Idee des Gemeinwohls, das nach Christian Wolff seinen Grund in der Pflicht eines jeden Menschen hat, nach Vollkommenheit zu streben. Dieses Ziel setzt voraus, dass Recht nicht dem Belieben eines Fürsten ausgeliefert, sondern seiner vernunftgemäßen Form gemäß systematisch entwickelt und in einer umfassenden Kodifikation dauerhaft gesetzlich geregelt wird. Parallel dämmert der Gedanke herauf, es müsse der Staat als Ganzes seine Verfassung als «Plan der Nation für ihr Streben nach Glück» in einem Dokument festschreiben. Und nahe lag dann die Annahme, der Staat sei ein von der Person des Herrschers zu unterscheidendes Subjekt. Seit dem frühen 19. Jahrhundert zweifeln nur noch wenige Außenseiter an der Qualität des Staates als juristischer Person. Auch die aus heutiger Sicht epochale Anerkennung von Menschen- und Bürgerrechten ist durch die Überzeugung, das Verhältnis zwischen Fürst und Untertanen sei als ein Rechtsverhältnis zu begreifen, vorbereitet worden. Der gedankliche Sprung aber, es gäbe unveräußerliche Freiheitsrechte, ist erst von Locke, Rousseau und Kant vollzogen worden. In der politischen Wirklichkeit gewann dieser Gedanke in der *Bill of Rights* des Staates Virginia von 1776 und in der *Declaration des droits de l'homme et du citoyen* von 1791 Gestalt.

6. Neue Staatspraxis: Vom Absolutismus zur Aufklärung

Die liberale Geschichtsschreibung des 19. Jahrhunderts wollte sich mit dem Vorwurf des «Absolutismus» vom Fürsten als alleinigem Herrn der Gesetzgebung distanzieren («*legibus solutus*», III. 5.). Die den Diktaturen gewogene Staatstheorie des 20. Jahrhunderts entdeckte gar eine Parallele zwischen der Alleinherrschaft des fürstlichen Souveräns und der Allmacht Gottes (Carl Schmitt). Die moderne Forschung hat dagegen das Gewicht der individuellen Rechte in der altständischen Gesellschaft erkannt, deren Aufhebung den Landesherren nur in engen Grenzen erlaubt war und gegen deren Verletzung vor den Reichsgerichten geklagt werden konnte (III. 4.). Was die barocke Fürstenherrschaft seit dem Dreißigjährigen Krieg indessen von den vorigen Obrigkeiten unterschied, war die Entwicklung von effizienten Herrschaftsinstrumenten, die das hergebrachte Recht weniger einschränkten als überlagerten und dem Staat neue Ziele setzten: das stehende Heer, eine aktive Gewerbeförderung mit ersten Fabriken, der Ausbau der Verwaltung, nicht zuletzt die großzügige Baupolitik mit der Schaffung von beeindruckenden Symbolen der Macht in Gestalt von weitläufigen Schlossanlagen, modernen Festungswerken, neuen Amtshäusern. Alle diese Maßnahmen erforderten viel Geld. Voraussetzung dieser in der Tat selbstherrlichen, niemand verantwortlichen Machtentfaltung auch deutscher Fürsten war daher die Erschließung frei verfügbarer Finanzquellen. So erklärt sich, dass dort, wo eine spezifisch absolutistische Politik mit Erfolg betrieben wurde, wie in Preußen, längst Steuerpflichten die früheren Steuerbewilligungen der Stände abgelöst hatten. In den meisten deutschen Territorien spielten die Landstände aber weiterhin eine große Rolle, wie in Württemberg, Bayern, Sachsen, Hannover. Absolutistische Tendenzen aber gab es auch hier.

Die neuen Machtinstrumente ermöglichten den Fürsten neue Formen der Politik. Am spektakulärsten dem Preußenkönig, indem er Ansprüche auf Schlesien nicht auf gerichtlichem oder diplomatischem Wege, sondern mit kriegerischen Mitteln durchsetzte. Mehr noch: Der Anspruch diente Friedrich II. von Preußen (1740–1786), im Alter «der Große» genannt, als Vorwand und der Krieg als politisches Medium, um seinem Staat die Stellung einer europäischen Großmacht zu verschaffen. Die deutschen Fürsten begannen, politische Interessen jenseits der Reichsgrenzen zu verfolgen und damit eine neue Epoche deutscher Geschichte einzuleiten. Preußen verdankte seinen Namen und die 1701 angenommene Königswürde dem außerhalb des Reiches gelegenen ehemaligen Herzogtum (später «Ostpreußen»), wo der Herrscher über eine uneingeschränkte Souveränität (III. 5.) gebot. Die sächsischen Kurfürsten trugen seit 1697 mehrfach die polnische Königskrone und die Hannoveraner ge-

wannen 1714 sogar das englische Königtum. Selbst das Kaiserhaus erwarb mit der ungarischen Krone ein souveränes Königreich, seitdem es seinen Herrschaftsraum nach der Abwehr der
Türken vor Wien 1683 weit in den Balkan hinein hatte ausdeh-
nen können. Der Kriegsdienst, die mächtig angewachsenen
Hofhaltungen und erweiterten Verwaltungen boten dem Lan-
desadel neue Karrieremöglichkeiten und ließen ein neues Dienst-
ethos entstehen. Denn die Konglomerate unterschiedlichster
Länder, aus denen sich Preußen ebenso wie der habsburgische
Machtbereich zusammensetzten, bedurften einer koordinieren-
den Verwaltung, die allein dem Monarchen als dem gemeinsamen Herrn aller verpflichtet war. Am bekanntesten geworden
ist die Konzentration administrativer Aufgaben im preußischen
Generaldirektorium seit 1723, doch auch die Verwaltung der
habsburgischen Länder stand insofern nicht nach. An vielen
deutschen Höfen entstanden nun besondere Kommissionen für
Handel und Manufakturen. Tendenzen einer progressiven Entwicklung werden sichtbar, zum Beispiel im Postwesen und im
beginnenden Chausseebau.

Auch der Fürst dieses Zeitalters regierte im Alltag mit Hilfe
seiner verschiedenen Ratskollegien (III. 3.). Im engsten Beraterkreis des Herrschers interessierten nur Angelegenheiten von politischem Gewicht. War eine solche zu vermuten, trugen die
Räte den Fall ihrem Herrn vor, wie etwa Reichs-, Konfessions-
oder Gewerbesachen. Im Übrigen hielten sich die Beamten, soweit erkennbar, an die vorliegenden Rechtsverhältnisse und die
erlernten Regeln der Jurisprudenz. Über dieses Denken hinaus
reichten in der zweiten Hälfte des 18. Jahrhunderts viel weiter
ausgreifende politische Ziele, die in der Wissenschaft unter dem
Begriff des «aufgeklärten Absolutismus» diskutiert werden und
den Ideen des neuzeitlichen Naturrechts verpflichtet waren
(III. 5.). Dazu gehörten die Überzeugung, die Rechtsordnung eines Staates vernünftig in Kodifikationen ein für allemal richtig
regeln zu können; grundlegende Reformen der Justiz, um die
umständlichen Gerichtsverfahren zu straffen; erste Ansätze,
dem naturrechtlichen Gleichheitsgedanken Rechnung zu tragen, etwa durch Tolerierung mehrerer Konfessionen, durch ers-

te Schritte der Judenemanzipation, durch Aufhebung der Leib-
eigenschaft. Politische Maßnahmen dieser Art fanden keineswegs überall statt und nicht zu gleicher Zeit. Es bedurfte eines
aufgeschlossenen Landesherrn, wie Friedrichs des Großen, des
Kaisers Joseph II. oder des badischen Markgrafen Karl Friedrich, und mehr noch ebensolcher Minister und Beamte. Aber
unter diesen fanden sich viele begeisterte Anhänger Christian
Wolffs und seiner Schüler (III. 5). Sie haben in Preußen auch
nach dem Tode des «Alten Fritz» unter seinem ganz anders
empfindenden Nachfolger Friedrich Wilhelm II. erfolgreich Reformen der Rechtsordnung realisiert und 1794 mit dem *Allgemeinen Landrecht für die preußischen Staaten»* ein Denkmal
der deutschen Rechtsgeschichte geschaffen.

Die Gesetzgebung hatte schon im Laufe des 18. Jahrhunderts
an Umfang so zugenommen, dass alle größeren deutschen
Staaten zum Gebrauch in ihren Verwaltungen Gesetzessamm-
lungen anlegen ließen. Wenn aber die Gesetze ernst genommen
werden sollten, dann mussten sie eine Selbstbindung des Fürsten nach sich ziehen und seinen Handlungsspielraum reduzie-
ren. Er mochte die Gesetze im Einzelfall durchbrechen. Sie
durch neue Entschlüsse seines Willens immer wieder zu verän-
dern oder gar zu ersetzen, war praktisch nicht möglich und in
der Regel auch nicht gewollt. Mit dem Anwachsen der Gesetzgebung schrumpfte daher faktisch die Freiheit des fürstlichen
Gesetzgebers. Diesen Effekt verstärkte die überwältigende
Woge aufgeklärten Vertrauens in das Vernunftrecht ungemein.
Sie erfasste im letzten Drittel des 18. Jahrhunderts auch das politische Denken. Selbst Politik galt nun als Gegenstand richtiger Einsicht und vernünftigen Rates. Kluge Beamte brauchte
man dazu. Daher entsteht als ein neuer Typ von Ratskollegium
der Staatsrat, der bald unter dem Namen Conseil d'État auch
infolge der französischen Expansion auf dem ganzen Kontinent
als vorbildlich galt. Ständevertreter, die an ihre Interessen gebunden sind, oder gar Volksvertreter kommen in dieser Politik-
konzeption nicht vor.

7. Das Ende des Alten Reiches – Etappen und Ergebnisse

«Wenn Preußen und Österreich einig sind, ist das Ende des Reiches gekommen.» Diese Voraussage eines geistlichen Reichsfürsten aus dem späten 18. Jahrhundert belegt, dass es der in der Literatur viel berufenen «Schläge» der napoleonischen Heere nicht bedurft hätte, um das Gebäude des Reiches zum Einsturz zu bringen. Dafür reichte die Machtpolitik der beiden deutschen Großmächte aus, die seit dem Beginn der Teilungen Polens 1772 ihre Gebietsherrschaft außerhalb der Reichsgrenzen weit in den Osten Europas ausgedehnt hatten. Wie es auch nicht der Französischen Revolution von 1789 bedurfte, um der Aufklärung zum Siege zu verhelfen.

Vorboten der inneren Auflösung des Reiches waren schon die im 18. Jahrhundert in das politische Spiel eingeschleusten Vorschläge, die geistlichen Staaten und damit die verlässlichsten Stützen des Kaisertums zu säkularisieren. Befremden löste der Plan des pfalz-bayerischen Kurfürsten Karl-Theodor Anfang der achtziger Jahre aus, unter Missachtung der Reichsgrundgesetze (III. 4.) Bayern dem Kaiserhaus zu überlassen und dafür den habsburgischen Teil der Niederlande einzutauschen. Dagegen rief Preußen 1785 einen «Deutschen Fürstenbund» zur Verteidigung der Reichsverfassung ins Leben, dessen eigentlicher Zweck aber war, eine Expansion des Hauses Habsburg zu verhindern. Preußen selbst kümmerte sich wenig um das überlieferte Rechtssystem des Reiches, als es die 1791 erworbenen Markgrafschaften Ansbach und Bayreuth auf Kosten der Nachbarn flächenstaatlich auszubauen begann. Die machtpolitische Konkurrenz der beiden deutschen Großmächte kam erst nach dem Ausbruch der Französischen Revolution mit der Konvention von Reichenbach 1790 zum Stillstand. 1792 entschloss man sich gemeinsam zum Krieg gegen das revolutionäre Frankreich und löste damit eine Kettenreaktion aus, die den längst in Gang gekommenen Wandlungsprozess im Reich beschleunigte.

Als sich der Krieg erfolglos hinzog, schied Preußen 1795 eigenmächtig aus dem Reichskrieg gegen die französische Republik aus und versprach, die Neutralität weiter Reichsgebiete zu gewährleisten. Im Friedensschluss von Basel sah es sich genötigt, mit der Einwilligung in die Abtretung des linken Rheinufers auch Fundamente der Reichsverfassung preiszugeben. Denn dort lagen in und um Mainz, Köln und Trier die Territorien der drei geistlichen Kurfürsten. Ohne sie konnte das Reich in bisheriger Form nicht fortbestehen. Nachdem auch Österreich 1797 zu ähnlichen Bedingungen Frieden geschlossen hatte, begannen zu Rastatt die Friedensverhandlungen mit dem Reich, auf denen die Entschädigungen solcher regierender Häuser festgelegt werden sollten, die links des Rheins Verluste erleiden würden. Von Anbeginn standen dabei als Entschädigungsmasse die geistlichen Staaten rechts des Rheins zur Disposition. Ihr Umfang übertraf freilich die linksrheinischen Einbußen Pfalz-Bayerns, Preußens und anderer bei weitem, so dass der Fortbestand von Fürstentümern der Reichskirche möglich gewesen wäre. Aber dafür kämpften deren Vertreter vergeblich. Die fürstlichen Dynastien Deutschlands nutzten mit französischer Unterstützung ohne Skrupel die sich nun bietende Chance großer territorialer Gewinne. Preußen gewann neue Zentren in Westfalen und Niedersachsen, Bayern die fränkischen Bistümer, Baden dehnte sich am Oberrhein nach Norden und Süden aus. Nicht nur die geistliche Staatlichkeit verschwand durch ihre Mediatisierung von der deutschen Landkarte – mit der einen Ausnahme des Erzkanzlers und Kurfürsten von Mainz, der nun seine bisherige Sommerresidenz in Aschaffenburg bezog. Auch die großen geistlichen Vermögen, Wälder und Weinberge, gingen auf den Staat über. 1801 vollzog das Reich im Frieden von Lunéville die Abtretung des linken Rheinufers, 1803 segnete der Reichstag im Reichsdeputationshauptschluss die Verhandlungsergebnisse von Rastatt ab. Dabei entpuppte sich die Säkularisation als ein radikaler Epocheneinschnitt. Nicht nur die ehemals reichsunmittelbaren Gebiete von Fürstbischöfen und Reichsäbten waren von ihr betroffen. Der Reichstag gestattete den weltlichen Fürsten zur Verbesserung ihrer Finanzen auch die Einziehung des mediaten, also schon bisher in ihren Ländern gelegenen Kirchengutes. Hunderte von Klöstern wurden aufgehoben. Die aus historischen Rechtsverhältnissen erwachsene Legiti-

mität der Reichsverfassung war mit dem Reichsdeputationshauptschluss aus der Geschichte verabschiedet worden. Kleinere Glieder des Reiches hatten fortan erst recht keine Überle-
benschance mehr. Fast alle Reichsstädte verfielen der
Mediatisierung, nur Augsburg, Frankfurt am Main, Nürnberg,
Bremen, Hamburg und Lübeck überlebten als reichsunmittelbare Kommunen. Über die Reichsritter aber, von denen in der neu-
en Gesetzgebung nichts verlautete, brach noch im November
1803 ein von den benachbarten Landesherrn in Szene gesetzter
«Rittersturm» herein, der die Reichsunmittelbarkeit der adeligen Zwergterritorien trotz Widerspruchs des Reichshofrates
auch ohne Rechtstitel faktisch zu beenden drohte. Die Zukunft
sollte nach der Überzeugung der politisch führenden Kräfte
dem Flächenstaat der großen fürstlichen Dynastien gehören.
Die zahlreichen Reichsgrafen überlebten noch wenige Jahre. Alles hing vom politischen Willen Napoleons ab, der sich im Reich
dem denkbar schwachen Kaiser Franz II. gegenübersah. In
Wien dachte man längst über eine nur noch österreichische Kaiserwürde nach. Als sich Napoleon im Mai 1804 selbst zum Kaiser krönte, nahm der römische Kaiser zusätzlich den Titel eines
Kaisers von Österreich an.

Das Ende des Reiches beschleunigte der Kaiser selbst durch
einen vergeblichen Versuch, das Phänomen Napoleon militä-
risch zu erledigen. Doch über die verbündeten Russen und Ös-
terreicher errang Napoleon 1805 bei Austerlitz nördlich von
Wien einen seiner glänzendsten Siege. Der danach in Pressburg
geschlossene Frieden gewährte Napoleons Bundesgenossen Baden, Bayern und Württemberg ausdrücklich eben jene «Souveränität» in inneren Angelegenheiten (III. 5.), die Österreich und
Preußen für sich in Anspruch nahmen. Doch Napoleon, dem
eine Neuordnung Europas unter französischer Hegemonie vor-
schwebte, begnügte sich damit nicht. Er unterstellte sich die nun
«souveränen» deutschen Fürstenstaaten als «Protektor» in einem Bündnis, das einige Elemente des Reiches nachahmte. Mit
diesem am 12.7.1806 gegründeten Rheinbund verbanden En-
thusiasten die Hoffnung, das Reich Karls des Großen werde
wiedererstehen. Zu ihnen gehörte der bisherige Erzkanzler und

nunmehrige Fürstprimas Karl Theodor von Dalberg in seinem
neu gebildeten Großherzogtum Frankfurt. Für Napoleon bildete der Rheinbund aber nur ein Reservoir zur Rekrutierung von
Hilfstruppen. Am 1.8.1806 erklärten die Rheinbundstaaten ihren Austritt aus dem Reich. Schon am 6.8.1806 verkündete der
Reichsherold in Wien von der Altane der Kirche «Zu den sieben
Chören der Engel» die Niederlegung der römischen Kaiserkrone und damit das Ende des Reiches.

Was ist Deutschland vom Heiligen Römischen Reich geblieben? Fast alles, was wir heute landauf landab als «Identität»
begreifen. Denn diese lebt einerseits von der damals entstandenen Verbundenheit als Kulturnation über alle politischen Grenzen hinweg, mit weit ausstrahlenden Zentren in Weimar, Wien
und Mannheim, auch schon in Berlin, selbst im fernen Königs-
berg, in noch jungen Universitäten wie Halle und Göttingen
und an manchem Fürstenhof. Andererseits haben die zahllosen
lokalen Varianten das Antlitz unseres Landes geformt. Indem
das Reich niemals ein einziges Zentrum ausbildete, sondern
eine überreiche politische Partikularität über Jahrhunderte hinweg aufrechterhielt, bewahrte es eine ebensolche kulturelle
Vielfalt in den deutschen Stämmen, ihren Mentalitäten und
Bräuchen, in den Physiognomien der unterschiedlichen Resi-
denz- und Bürgerstädte, in der unverrückbaren Neigung zu föderalen Verfassungsformen. Und dennoch hinterließ das Reich
auch die Idee einer politischen Einheit Deutschlands, deren Ver-
lust im 19. Jahrhundert schmerzlich empfunden wurde. Der aus
historischen Quellen und Erfahrungen gespeiste «Reichspatrio-
tismus» der späten Aufklärungsepoche verleugnete seine deutschen Wurzeln nicht. Im Reich schließlich hatte das Volk die
Symbiose von Religion und Obrigkeit erfahren – aber dabei im
Lande der Reformation auch eine Lektion in Sachen Toleranz
erhalten, die früher als anderswo lehrte, unter demselben politischen Dach verschiedene Konfessionen zu dulden.

IV. Der monarchische Verfassungsstaat des «langen» 19. Jahrhunderts

1. Staats- und Gesellschaftsreformen

Den ebenso frischen wie kühlen Wind eines aufgeklärten Staatsverständnisses vermittelten sogleich nach dem Untergang des Alten Reiches eben jene höheren Beamten und ministeriellen Planer, die schon zuvor die Modernisierung ihrer Länder entworfen oder in die Hand genommen hatten, zum Beispiel Maximilian Graf von Montgelas in Bayern, Karl August von Hardenberg in Preußen oder Johann Nicolaus Brauer in Baden. Das Ende des Geflechts alter Rechte, des «Feudalsystems», begann schon seit 1797 zuerst in den französisch besetzten linksrheinischen Gebieten. 1806 eröffnete die neu erworbene Souveränität den Rheinbundstaaten die Möglichkeit, in ihren Ländern die Staatlichkeit völlig neu zu organisieren. Und nur ein Jahr später sah sich Preußen nach dem Friedensschluss mit Napoleon und dessen Kontributionsforderungen gezwungen, Reformen in die Wege zu leiten, die *der Zeitgeist erheischt*», wie es der Freiherr vom Stein ausdrückte. Von manchen Besonderheiten abgesehen, trug die Reformpolitik überall sehr ähnliche Charakterzüge.

Im Prinzip ging es um die Trennung öffentlicher Hoheitsrechte von der privaten Eigentumssphäre, zugleich um deren Befreiung von «*guter Policey*» (III. 3.), also um die Unterscheidung von Staat und Gesellschaft. Die einfachere Aufgabe lautete, eindeutige Hoheitsrechte dem Adel und anderen «intermediären» Gewalten zu nehmen und in die Hände des Staates zu legen, um sie in einem hierarchischen Verwaltungsaufbau auf die monarchische Regierung auszurichten. Am konsequentesten geschah das in Ländern wie Baden und Bayern, die ihre gewaltige territoriale Erweiterung durch die Übernahme des französischen Departementsystems zu bewältigen versuchten. Daraus gingen die heutigen Regierungsbezirke hervor, die als Mittelbehörden eine zentralistisch lenkende Regierungspolitik erleichterten. Vorerst noch verschonte Patrimonialgerichte des Adels verschwanden geräuschlos in der Mitte des 19. Jahrhunderts. Preußen unterstellte die Regierungsbezirke noch Oberpräsidenten seiner großen Provinzen. In Bayern fiel der zentralisierenden Tendenz sogar die alte bescheidene Kommunalverfassung zum Opfer. Preußen hingegen bewahrte oder erneuerte auf dieser untersten Ebene der öffentlichen Gewalt ständische Verhältnisse: paternalistisch in Gestalt des vom lokalen Adel zu stellenden Landrats, zukunftsweisend aber mit der Städteordnung von 1808, die vom Freiherrn vom Stein im Geiste bürgerlicher Partizipation entworfen worden war und später vorbildlich für ganz Deutschland werden sollte.

Überall entstand nun in Ergänzung des Staatsrates (III. 6.) das System der fünf Fachministerien für Inneres, Äußeres, Finanzen, Justiz, Krieg. Es löste die bisherigen, für einzelne Provinzen allzuständigen Kollegialorgane ab, deren Detailkenntnisse mit der Egalisierung der gesellschaftlichen Verhältnisse nicht mehr benötigt wurden und die durch die Fähigkeit zu fachlich begründetem, einheitlichen Handeln ersetzt werden mussten. Träger dieses Verwaltungssystems war der im Lichte der späten Aufklärung erdachte Beamtentyp. Danach erbringt der Beamte stellvertretend die von den Partnern des Gesellschaftsvertrages, also allen Staatsbürgern, dem Staate geschuldete, jedoch wegen der Sorge um das tägliche Brot unterbleibende Unterstützungsleistung. Weil dies eine Aufgabe aller ist, erhält er keine Vergütung, sondern eine Alimentation, also Unterhalt aus der Steuerleistung. Und weil der dem Staat zu erbringende Dienst keine Unterbrechung duldet, hat er seine Arbeitskraft ohne zeitliche Begrenzung zur Verfügung zu stellen. So zu dienen, war eine Ehre, gewährte Prestige und förderte das Vertrauen in die Gesetzmäßigkeit des Verwaltungshandelns. Mehr noch: Dem zugrunde liegenden Politikverständnis entsprechend (III. 6.), war der Beamte mit seiner fachlichen Qualifikation zugleich der beste Garant richtiger Entscheidungen und der optimale Repräsentant des Volkes.

Viel schwieriger erwies sich die Trennung des «Öffentlichen» vom «Privaten» auf den unteren gesellschaftlichen Ebenen. Zwar verstand sich jetzt die Aufhebung der auf bäuerlichem Besitz ruhenden feudalen Lasten von selbst. Links des Rheins hatte Frankreich die neue Zeit schon eingeläutet, als auch Preußen seine staatlichen Domänenbauern 1804 und die Adelsbauern 1807 von der Erbuntertänigkeit befreite und ihnen 1810 freies Eigentum gewährte. Etwa gleichzeitig führten die Rheinbundstaaten ähnliche Maßnahmen durch. Aber Eigentumsschutz genossen auch die Rechte des Adels, sofern man sie als privatrechtlich begriff. Waren sie zur Schaffung freien bäuerlichen Eigentums aufzuheben, so doch nach zeitgenössischer Überzeugung nicht ohne Entschädigung. Daher mussten die preußischen Bauern ihrem Gutsherrn ein Drittel ihres Grundbesitzes überlassen. Das beeinträchtigte die Wirtschaftlichkeit der Höfe und führte oft zum Verkauf des Restbesitzes oder erzwang die Aufnahme von Krediten. Die Grundentlastung entpuppte sich fast überall in Deutschland als eine gigantische, von einer Generation kaum zu bewältigende Aufgabe. Es sollte noch Jahrzehnte dauern, bis sie mit Hilfe von Rentenbanken zu Ende geführt werden konnte.

Die Freiheit des Eigentums, Symbol eines neuen Zeitalters, gewann seine Leuchtkraft nicht zuletzt seit 1804 durch den *Code Napoleon*, die Kodifikation des französischen Zivilrechts. Im Gegensatz zum preußischen Allgemeinen Landrecht (III. 6.), das noch die alten Ständeverhältnisse geregelt und nun Streichungen zu erdulden hatte, beschränkte sich die französische Kodifikation auf den Kern des Privatrechts: die Person, sein Eigentum, seine Verträge. Das von Napoleon als Modell einer neuen europäischen Privatrechtsordnung gedachte Gesetzbuch wurde im Rheinland nicht nur günstig aufgenommen, sondern auch nach dem Ende Napoleons erfolgreich verteidigt, so dass es dort bis zum Inkrafttreten des BGB am 1.1.1900 in Geltung blieb. Dasselbe gilt für das dem großen Vorbild weitgehend folgende Badische Landrecht von 1810. Auch das österreichische *Allgemeine Bürgerliche Gesetzbuch* von 1811 konzentrierte sich auf den Raum des privatautonom zu gestaltenden Rechts.

Ebenso wie der Code Civil in Frankreich gilt das ABGB in Österreich bis heute. Andere deutsche Staaten versuchten denselben Weg zu gehen. Bayern scheiterte mit seinen Kodifikationsbemühungen, Sachsen setzte noch 1865 ein eigenes BGB in Kraft

Die in dieser Aufwertung des Privatrechts durch große Kodifikationen liegende Verheißung einer sich unter dem Schutz des Staates selbst regulierenden Gesellschaft bedurfte freilich der Förderung durch weitere Maßnahmen des Gesetzgebers. Dazu gehörte die Beseitigung der alten Schranken wirtschaftlicher Betätigung, des Zunftrechts und der Gewerbeprivilegien, durch die Gewährung der Gewerbefreiheit. Sie war ein Diskussionsthema schon im 18. Jahrhundert gewesen. Als Preußen daher aus finanziellen Gründen gezwungen war, sie 1810 durch ein Gewerbesteueredikt einzuführen, geschah das durchaus in der Überzeugung, durch die «*möglichste Herstellung des freien Gebrauchs der Kräfte der Staatsbürger aller Klassen*» werde auch der größtmögliche Wohlstand erreicht. Es entstanden freilich zunächst auch soziale Probleme, etwa durch Überbesetzung einiger haushaltsnaher Handwerksberufe, wie Schneiderei und Bäckerei, aber auch wegen der mangelhaften Qualität mancher Produkte. Die anderen deutschen Staaten zögerten daher den gewerbepolitisch als richtig erkannten Schritt bis zur Schwelle der 1860er Jahre hinaus (IV. 4.). Doch der Staat hat sich aus der Wirtschaftsordnung nicht einfach verabschieden können. Seit der Mitte des 19. Jahrhunderts war der Nachweis beruflicher Befähigung wieder ein Thema der Politik, die schließlich die Gründung von Innungen mit Gesellen- und Meisterprüfungen zuließ. Die Dynamik der industriellen Entwicklung erzwang weitere Interventionen des Staates, zum Beispiel durch die gesetzliche Regelung der neu entstandenen Aktiengesellschaften, durch das Urheber- und Patentrecht und anderes mehr.

2. Anfänge deutscher Verfassungsstaatlichkeit im 19. Jahrhundert

Als sich in der Aufklärung die Idee einer rational entworfenen, umfassend geregelten Rechtsordnung durchzusetzen beginnt (III. 6.), erfasst sie bald auch das politische Denken. Die Verfassung der Vereinigten Staaten von Amerika von 1787, die polnische Verfassung von 1791 und vollends die französischen Revolutionsverfassungen von 1791, 1795 und 1799 schufen eine neue Qualität staatlicher Modernität, denen sich selbst Napoleon anbequemen musste. Daher waren es in Deutschland auch zunächst die Rheinbundstaaten, die den Verfassungsgedanken realisieren sollten. Das neu gebildete Königreich Westfalen erließ 1807 eine Musterverfassung, die Bayern, der Fürstprimas Dalberg (III. 7) und Anhalt-Köthen übernahmen. Sie regelte die Staatsorganisation, verkündete Rechtsgleichheit und Religionsfreiheit und sah ein Repräsentativorgan von Vermögenden und Gelehrten vor. Diese Stände sollten «*berathschlagen*», nicht unbedingt beschließen (III. 6.).

Die beiden deutschen Großmächte ließen sich vom modernen Verfassungsbazillus nicht anstecken. Schon die Redaktoren des preußischen Allgemeinen Landrechts (III. 6.) hatten vermerkt, die Verfassung Preußens sei die Monarchie und nur das Recht der Untertanen regelungsbedürftig. Nach Napoleons Ende beeilte sich der führende politische Kopf der Siegermächte, Österreichs Staatskanzler Fürst Metternich, inneren Umwälzungen in den Staaten des Deutschen Bundes durch die Feststellung vorzubeugen, in diesen werde eine «*landständische Verfassung stattfinden*» (Art. 13 Deutsche Bundesakte von 1815). Gedacht war an Landstände der längst bekannten Art (III. 3.). Doch die Saat der Modernisierung im napoleonischen Geiste war bei den größten Gewinnern dieser Politik, in Bayern, Württemberg und Baden, bereits soweit aufgegangen (IV. 1.), dass sie eine Rückkehr zu den altständischen Verhältnissen kategorisch ausschlossen. Neue Stände sollten die Länder zusammenschweißen, wie schon 1814 im neu gebildeten Ländchen Nassau. Bayern und Baden erließen 1818, Württemberg 1819 und Hessen-Darmstadt 1820 Verfassungen nach dem Vorbild der französischen Charte Constitutionelle von 1814 und übernahmen damit in Deutschland eine Vorreiterrolle in der Geschichte des konstitutionellen Verfassungswesens. Preußen hingegen verweigerte die Erfüllung des 1813 gegebenen Verfassungsversprechens. Hannover, Braunschweig, Hessen-Kassel und deutsche Kleinstaaten kehrten zu altständischen Verhältnissen zurück. Sie und Sachsen erhielten Verfassungen der süddeutschen Art erst nach der Unruhe, die von der Pariser Julirevolution 1830 auch in Deutschland ausgelöst worden war. Preußen sah sich erst im Revolutionsjahr 1848 genötigt, eine Verfassungsurkunde in Kraft zu setzen. An ihre Stelle trat 1850 ein neuer Verfassungstext, der liberale Elemente zurückschnitt, insgesamt aber dem geläufigen konstitutionellen Verfassungstyp entsprach.

Dieser deutsche Frühkonstitutionalismus beruht einerseits auf Kontinuitäten, die in die Zeit des Alten Reiches zurückreichen, andererseits aber auf modernen Neuerungen. Unverändert blieb die mit Hilfe von Spitzenbeamten wahrgenommene Regierung des Monarchen selbst. Ihre jetzige Organisationsform in Gestalt moderner Ministerien (IV. 1.) setzten die Verfassungstexte teils voraus, teils trafen sie darüber ausdrückliche Regelungen. Neu zu begründen war die Legitimation der Herrschaft. Im Alten Reich beruhte sie seit alters her auf der Belehnung durch den Kaiser (II. 5.). Mit deren Wegfall bedurfte die Monarchie eines anderen Konzepts. Man fand es im Begriff des «monarchischen Prinzips», fast gleichlautend ausformuliert in den süddeutschen Verfassungen: «*Der König ist das Oberhaupt des Staats, vereinigt in sich alle Rechte der Staatsgewalt, und übt sie unter den von Ihm gegebenen in der gegenwärtigen Verfassungsurkunde festgesetzten Bestimmungen aus. Seine Person ist heilig und unverletzlich*» (Bayer. Verfassung 1818). Seine innere Rechtfertigung konnte das monarchische Prinzip nur im Gottesgnadentum finden, einer alten Idee, die nach dem Ende des Kaisertums an Gewicht noch gewann und das Selbstverständnis der deutschen Monarchen eher in die Irre führte. Denn nach dieser Konstruktion gewährten die Monarchen ihre Verfassungen aus freien Stücken – obwohl oft Verhandlungen mit den

Ständen vorausgegangen waren. Zur Logik der einseitigen Verfassungsgebung passte allerdings nicht der Ausschluss ebenso einseitiger Verfassungsänderungen. Soweit überhaupt vorgesehen, mussten die Stände zustimmen. Immer aber hatte sich das Staatsoberhaupt durch den bei Regierungsantritt auf die Verfassung zu leistenden Eid selbst zu binden. So überrascht es nicht, dass die liberale Staatstheorie auch Argumente für die Deutung der konstitutionellen Verfassung als eines zwischen Fürst und Volk geschlossenen Vertrages fand.

Denn die durch diese Verfassungen eingeführten Landstände, später gern Landtage genannt, verkörperten eine neuartige Landesvertretung, die das Alleinregierungsrecht des Monarchen einschränkte. Sie bestand aus zwei Kammern, deren erste mit den Prinzen der regierenden Dynastie, den Häuptern des mediatisierten Adels, Kirchen- und Universitätsvertretern und anderen Honoratioren besetzt war, während sich in der zweiten allein oder überwiegend durch Wahlmänner gewählte Abgeordnete versammelten. Den demokratischen Regeln neuerer Zeit entsprachen diese Volksvertretungen noch lange nicht. Nicht nur, weil das aktive und passive Wahlrecht allein den Männern zustand. Der Repräsentationsgedanke jener Zeit verband sich noch immer mit der Bevorzugung des steuerkräftigen Teils der Bevölkerung, weil nur diese über das Steueraufkommen mitentscheiden sollte. So waren in Bayern auf dem flachen Lande nur Landeigentümer wahlberechtigt, in Baden setzte die Wählbarkeit ein Mindestvermögen voraus, in Preußen hatte die Regierung 1849 durch Verordnung ein Dreiklassenwahlrecht eingeführt. Dennoch führte die Existenz der Landstände insofern zu einer grundlegend veränderten Verfassungslage, als sie allen förmlichen Gesetzen zustimmen und den Haushalt bewilligen mussten. Die Finanzen waren nun der ehemals alleinigen Kompetenz des Monarchen entzogen. Ihm stand in Gestalt der «Civilliste» nur ein fixierter Betrag zur Verfügung, aus dem die persönlichen Bedürfnisse des Herrscherhauses und die der Hofhaltung zu bestreiten waren. Regelmäßig erscheinende Gesetzblätter sorgten für eine vordem unbekannte Transparenz der Staatspraxis.

Das Verhältnis zwischen der Ständevertretung und der Regierung war ein streng dualistisches: Allein der Monarch berief die Minister. Sie bedurften seines Vertrauens, nicht desjenigen der Abgeordneten, auf deren Kooperation im Gesetzgebungsverfahren sie doch angewiesen waren. Das parlamentarische Prinzip, also die Billigung der Regierung durch die Mehrheit der Volksvertreter, setzte sich auch in England erst in den vierziger Jahren des 19. Jahrhunderts endgültig durch. Die einzige bekannte Klammer zwischen den Parlamenten und der Regierung war bis dahin die in England entwickelte, von Frankreich in seine Verfassungen, zuletzt 1814, aufgenommene «*Verantwortlichkeit*» der Minister gegenüber der Ständevertretung, da sich der «*unverletzlich*» als Staatssymbol gedachte Monarch vor niemand rechtfertigen musste. Später, 1831 in Belgien, 1850 in Preußen und anderswo hat man die Verantwortlichkeit der Minister noch durch deren Pflicht zur Gegenzeichnung der Regierungsakte des Monarchen unterstrichen. Konsequenz der Ministerverantwortlichkeit war die Möglichkeit einer Anklage wegen krimineller Delikte im Amt sowie wegen Verfassungsverletzungen und wegen unerlaubter Eingriffe in Freiheit und Eigentum der Staatsbürger. Die deutschen Verfassungen haben das Instrument der Ministeranklage nur zögernd aufgegriffen. 1814 findet es sich in der landständischen Verfassung von Sachsen-Weimar-Eisenach, 1831 in der Verfassung Kurhessens, 1850 in Preußen, 1868 fügt es Baden in seine Verfassung ein. Trotz einiger Anklagen ist es nirgendwo zur Verurteilung eines Ministers gekommen.

Das konstitutionelle Verfassungssystem wurde von mehreren Krisen erschüttert, die seine Schwächen offenlegten. Am bekanntesten ist die einseitige Aufhebung der hannoverschen Verfassung durch König Ernst August nach seinem Regierungsantritt 1837, obwohl dazu die Mitwirkung der Stände notwendig gewesen wäre. Der Staatsstreich löste den Protest der «Göttinger Sieben» Professoren aus, die prompt entlassen wurden. Die 1840 in Kraft gesetzte Ständeverfassung stärkte die Position des Königs. Noch dramatischer verlief ein Verfassungskonflikt in Kurhessen 1850: Als nach Verweigerung des Haushaltsgesetzes durch die Stände der Landesherr unter Missachtung der Verfassung Steuern mittels einer Verordnung erheben wollte, erklärte das höchste Gericht des Landes diese für nichtig, desgleichen die nach Verhängung des Kriegszustandes verordnete Aberkennung der richterlichen Prüfungskompetenz; selbst das hessische Militär verweigerte unter Berufung auf den geleisteten Verfassungseid dem Fürsten den Gehorsam. Daraufhin kam es zu einer Intervention von Truppen des Deutschen Bundes, die den Widerstand erstickten und dem Erlass einer weniger liberalen Verfassung 1852 den Weg bereiteten. Den folgenschwersten Verfassungskonflikt aber erlebte Preußen. Für die von König Wilhelm I. betriebene Heeresreform mit drastischer Erhöhung der Heeresstärke versagte das Abgeordnetenhaus die finanziellen Mittel, weil es eine dreijährige Wehrpflicht und die Auflösung der volkstümlichen Landwehr ablehnte. Als der König 1861 vollendete Tatsachen schuf, weigerten sich die Abgeordneten, dem nächsten Staatshaushalt zuzustimmen. Es kam zu einem Patt der Argumente. Der König bestand auf seiner Militärhoheit, das Abgeordnetenhaus auf seinem Budgetrecht. Der daraufhin zum Ministerpräsidenten ernannte Otto von Bismarck erklärte die Regierung auch ohne bewilligten Haushalt für gerechtfertigt, weil wegen einer *«Lücke»* im Verfassungstext *«das Staatsleben auch nicht einen Augenblick stillstehen kann»*. Die in ihrer Mehrheit liberalen Abgeordneten dagegen verwiesen auf den einzigen legalen Ausweg, durch Landtagsauflösung und Neuwahlen an den Wähler *«zu appellieren»* – was die Regierung schon versucht hatte, ohne eine ihr genehme Mehrheit zu erlangen. Der Übergang zu einer Regierungspolitik auf parlamentarischer Grundlage schien zum Greifen nahe. Diesen Ausweg aber verweigerten Bismarck und sein König. Der Sieg der preußischen Waffen im Krieg mit dem Deutschen Bund 1866 (IV. 3.) versöhnte die politischen Gegner. Die Haushaltsführung der vorangegangenen Jahre wurde durch ein *Indemnitätsgesetz* nachträglich legalisiert. Der konstitutionelle Dualismus blieb bestehen.

Ein Erbe der Aufklärung waren die in den frühkonstitutionellen Verfassungen enthaltenen Kataloge staatsbürgerlicher Rechte. Sie erreichten zwar bei weitem nicht das philosophische Pathos der französischen Erklärung der Menschen- und Bürgerrechte von 1789. Und alle versprochenen Freiheitsrechte standen unter dem Vorbehalt der staatlichen Gesetzgebung, die sie konkretisieren und damit einschränken konnte. Aber die prinzipielle Anerkennung von Bürgerrechten erwies sich trotz Übergriffen der monarchischen Regierungen doch als ein bleibender Gewinn der Rechtskultur. Sie stimulierten die Beratungen der deutschen Nationalversammlung 1848 (IV. 3.) und strahlten von dort auf die deutschen Verfassungen des 20. Jahrhunderts aus. Persönliche Freiheit und Eigentumsschutz, Auswanderungs-, Meinungs- und Pressefreiheit, Gewissens- und Religionsfreiheit, Schutz vor willkürlicher Verhaftung, Gleichheit vor dem Gesetz, Zugang zu öffentlichen Ämtern für alle Bürger, das Recht auf den gesetzlichen Richter und die Unabhängigkeit der Gerichte – auch als politische Zielvorstellungen mussten die in den einzelnen Verfassungen enthaltenen Rechte beeindrucken und Hoffnungen wecken.

3. Die Nation im Wartestand: Der Deutschen Bund

Nach der Niederwerfung Napoleons erwies sich die Wiederherstellung des Reiches, an die sich auch nationale Erwartungen knüpften, rasch als illusionär. Wichtige Staaten des Rheinbundes, allen voran Bayern, hatten sich im beginnenden Befreiungskrieg gegen Napoleon 1813 den Frontwechsel auf die Seite der verbündeten Mächte Russland, Preußen und Österreich mit der Garantie ihrer Souveränität entgelten lassen. Damit war die Bildung eines Bundesstaates ausgeschlossen. «*Zweck*» des 1815 errichteten Deutschen Bundes war lediglich die «*Erhaltung der äußeren und inneren Sicherheit Deutschlands und der Unabhängigkeit und Unverletzbarkeit der einzelnen deutschen Staaten*» (Art. II Deutsche Bundesakte). Die in Furcht vor Umsturzversuchen 1820 erlassene «*Schluß-Akte ... über Ausbildung und Befestigung des Deutschen Bundes*» (Wiener Schlussakte) band die deutschen Staaten durch eine paradoxe juristische Konstruktion noch enger aneinander. Der Deutsche Bund galt nun als ein «*völkerrechtlicher*», aber «*unauflöslicher Verein*», den zu verlassen keinem deutschen Staat gestattet wurde (Art. I, V WSA). «*Organ seines Willens und Handelns*» war die Bundesversammlung (Art. VII WSA) in Frankfurt am Main, in der unter dem Vorsitz Österreichs alle deutschen Regierungen vertreten waren. Der nur völkerrechtliche Charakter des Bundes, der die Souveränität der Mitglieder schonte, fand seine Grenze am gemeinsamen Sicherheitsbedürfnis. Die «*Aufrechterhaltung der innern Ruhe und Ordnung*» sei zwar Sache der einzelnen Regierungen. Als «*Ausnahme*» aber war dabei «*die Mitwirkung der Gesamtheit*» vorgesehen, wenn eine Regierung den Bund um Hilfe anrufe oder dazu nicht mehr in der Lage sei und daher der Deutsche Bund «*auch unaufgerufen zur Wiederherstellung der Ordnung und Sicherheit*» einschreiten müsse (Art. XXV, XXVI WSA). Die Bundesexekution ist mehrfach mit militärischen Mitteln in Gang gesetzt worden.

Zwischen der Deutschen Bundesakte und der Wiener Schlussakte lagen Ereignisse und Maßnahmen, die der ganzen Epoche bis zur Mitte des Jahrhunderts ihren Stempel aufdrückten. Den Untertanen hatte die Deutsche Bundesakte grenzüberschreitenden Eigentumsschutz, Freizügigkeit und alsbaldige Beratungen über die Pressefreiheit versprochen (Art. XVIII DBA). Diese sehr vorsichtige Zukunftsperspektive befriedigte die euphorische Stimmung zumal in akademischen Kreisen nicht. 1817 lud die in Jena entstandene «Urburschenschaft» unter den Augen des liberalen Weimarer Herzogs Karl August Studenten aus ganz Deutschland zu einem «Nationalfest» auf die Wartburg ein. Mehr als die dort gehaltenen Reden ließ eine Verbrennung unliebsamer Bücher Tendenzen einer Radikalisierung befürchten. Sie schienen sich zu bestätigen, als 1819 ein Student den damals bekannten Dichter und Burschenschaftskritiker August von Kotzebue ermordete. Preußen und Österreich unter der politischen Federführung Metternichs sahen nunmehr die Zeit reif für die Unterdrückung von «*philosophischen und politischen Raisonnements*», die das politische System gefährdeten. Zu diesem Zweck wurden drei Maßnahmen vom Deutschen Bund förmlich in Kraft gesetzt. Erstens unterlagen die Universitäten

in Zukunft der Aufsicht besonderer Bevollmächtigter. Professoren, die «*verderbliche*» und «*der öffentlichen Ruhe und Ordnung feindselige*» Lehren verbreiteten, sollten entlassen und nirgendwo im Bundesgebiet wieder eingestellt werden. Zweitens
mussten sich die Presse und Druckwerke geringeren Umfanges
fortan eine Vorzensur gefallen lassen. Und schließlich hatte eine
in Mainz errichtete «*Central-Untersuchungs-Commission*»
ganz generell «*revolutionäre Umtriebe und demagogische Ver-
bindungen*» in der Gesellschaft zu beobachten («Karlsbader Beschlüsse»).

Es begann nun jene Zeit, die Heinrich Heine 1844 in seinem
Versepos «*Deutschland. Ein Wintermärchen*» verspottet und
betrauert hat. Die von der Pariser Julirevolution seit 1830 aus-
gelöste politische Aufwallung schaffte sich zwar 1832 Luft mit
der Forderung nach «*Deutschlands Wiedergeburt*» in der bis
dahin beispiellosen Massenversammlung des «Hambacher Fes-
tes» in der Pfalz – man spricht von 30 000 Teilnehmern. Und ein
Jahr später versuchten sich Studenten im «Frankfurter Wa-
chensturm» als Revolutionäre, die ein Blutvergießen nicht
scheuten, jedoch vergebens. Die politische Stimmung im schein-
bar so selbstzufriedenen Biedermeier glich eher einem siedenden
Gefäß, das vor dem Überlaufen nur mühsam zu bewahren war.
Ein badisches Pressegesetz, das 1832 größere Freiheiten gewähren wollte, musste der Großherzog zum Teil wieder außer Kraft
setzen, um die angedrohte Bundesexekution abzuwehren. Die
Bundesversammlung und geheime Konferenzen in Wien ersan-
nen immer neue Repressalien, zum Beispiel die Bundesexekution für den Fall der Ablehnung des Haushalts durch einen Land-
tag und die Kontrolle der dort gehaltenen Reden. Der Verfassungsstaat drohte zur Farce zu verkommen. Zugleich jedoch
entwickelte die Gesellschaft ein umso kräftigeres Leben. Im
«Vormärz» entstand das deutsche Vereins- und Vereinigungs-
wesen, Ausdruck einer Selbstorganisation der Gesellschaft, die
ihrerseits Vorbedingung der Revolution von 1848 gewesen ist.
Politische Unterdrückung setzt auch kreative Kräfte frei.

Die Revolutionsjahre 1848/49 haben sich in das deutsche Gedächtnis wenn schon nicht mehr als «tolles Jahr», so doch

durch das Scheitern dieses Aufbruchs eingegraben. Doch kommt es auf die Messlatte an. Dient dafür das von den Demokraten ins Auge gefasste Ziel einer Republik, so muss das Ergebnis von vornherein negativ ausfallen. Vergleicht man indessen die vor- und nachrevolutionäre Verfassungsentwicklung, so darf das Urteil hinsichtlich des deutschen Einigungsprozesses und sogar in Sachen Demokratie differenzierter ausfallen. Vollends sind als bleibender Gewinn jener Jahre die Fernwirkungen der damaligen Verfassungsberatungen zu verbuchen. Und nicht gering ist auch der legale Übergang vom autoritären System des Deutschen Bundes zur Nationalversammlung in der Paulskirche zu achten. Die Anstöße dafür waren allerdings revolutionärer Art. Die Errichtung der zweiten französischen Republik im Februar 1848 ließ gefährliche Reaktionen der deutschen Regierungen befürchten. Längst aufgestaute Spannungen mit ihren sozialrevolutionären Unterströmungen entluden sich. Im März berieten liberale Abgeordnete aus süddeutschen Landtagen in Heidelberg über die Schaffung einer «*nationalen deutschen Parlamentsverfassung*», als in vielen Orten, mit Barrikadenkämpfen in Berlin und Wien, Unruhen ausbrachen. Nunmehr beeilten sich die Fürsten, liberale Ministerien zu berufen, was einen politischen Kurswechsel der Bundesversammlung nach sich zog: Sie übernahm umgehend das von einem selbsternannnten «Vorparlament» entworfene gleiche Wahlrecht aller «*selbständigen Staatsangehörigen*» für eine deutsche Nationalversammlung. Sie trat schon am 18. Mai in der Frankfurter Paulskirche zusammen, nachdem die Aufhebung der Pressezensur offene politische Diskussionen ermöglicht hatte. Die Nationalversammlung war also eine Institution des Deutschen Bundes, die sich auf eine demokratische Legitimation stützen konnte. Denn die von der Wahl ausgeschlossenen wirtschaftlich «Unselbständigen» machten höchstens ein Viertel der männlichen Bevölkerung aus und die Wahlbeteiligung lässt sich mit modernen Wahlen vergleichen.

Aus dem politischen Leben der «Paulskirche» ist zunächst zu berichten, dass an diesem Orte die seitdem aus der deutschen Geschichte nicht mehr wegzudenkenden Parteien entstanden sind. Erste Ansätze gab es schon einige Jahre früher. Die Gesellschaft begann, sich verschiedenen politischen Wegen zuzuwenden und die Utopie aufgeklärt «richtiger» Politik (III. 6) hinter sich zu lassen. Aber erst unter dem Druck der parlamentarischen Beratungen suchte die große Mehrheit der Abgeordneten eines der Frankfurter Lokale auf, in denen sich getrennt revolutionsbereite und gemäßigte Republikaner, linksliberal tolerierende und konstitutionell-liberale Verteidiger der Monarchie sowie konservative Monarchisten trafen. Die politische Mitte überwog, was angesichts des bildungsbürgerlichen Profils der meisten Volksvertreter nicht überraschen kann, da die meisten Abgeordneten ihr Mandat noch mittelbar von Wahlmännern, also örtlichen Honoratioren, erhalten hatten. Rückschlüsse auf die politischen Überzeugungen der Urwähler sind kaum möglich. Die große Zahl der gleichzeitig entstandenen «*demokratischen*» und «*Märzvereine*» deutet freilich auf den Willen breiter Volkskreise hin, erhebliche politische Veränderungen durchzusetzen. Auch die parlamentarische Praxis der Nationalversammlung deutet in diese Richtung. Der zum Reichsverweser bestellte Erzherzog Johann bildete aus Angehörigen des Parlaments eine Regierung, die sich auf eine Mehrheit der Abgeordneten stützen konnte. Das entsprach dem in deutschen Staaten bis dahin nicht realisierten parlamentarischen Prinzip, wenn auch weiterhin die Regierungsbildung durch den Monarchen und damit das Einverständnis zwischen ihm und dem Parlament vorausgesetzt war.

Als ihr eindrucksvollstes Zeugnis hat die Nationalversammlung eine am 28.3.1849 angenommene Reichsverfassung hinterlassen, deren «*Grundrechte des deutschen Volkes*» schon am 27.12.1848 als Gesetz verkündet, von den maßgebenden deutschen Regierungen aber nicht übernommen worden waren. Dennoch hat dieser sehr umfangreiche Katalog staatsbürgerlicher Rechte Geschichte gemacht. Nicht zufällig ist im Vorparlament erstmals der Begriff «*Grundrechte*» geprägt und verwendet worden. Es ging darum, für alle Deutschen ein rechtliches Minimum festzuschreiben. Dazu gehörten in erster Linie die klassischen Freiheitsrechte, die später in die Weimarer Verfassung Eingang fanden (V. 1.). Doch auch die negativen Erfahrungen mit polizeilicher Unterdrückung und die Abschaffung überlebter Institutionen kamen zur Sprache. Sie haben der zukünftigen Gesetzgebung rechtspolitische Ziele gesetzt (IV. 4.). In manchen Regelungen ist die Paulskirchenverfassung ihrer Zeit weit vorausgeeilt, zum Beispiel mit der Abschaffung der Todesstrafe oder der jedem Bürger wegen Verletzung der Grundrechte eröffneten Klage vor dem einzurichtenden Reichsgericht.

Die Reichsverfassung betont die Notwendigkeit des Konsenses von Monarch und Parlament über die Regierungsbildung nicht ausdrücklich, weil die vorgesehene «Verantwortlichkeit» der Minister auslegungsfähig und ausreichend erschien. Es entstand insofern kein Konflikt. Dagegen musste man sich mit dem viel schwierigeren Problem herumschlagen, ob ein deutsches Kaisertum Österreich oder Preußen anzuvertrauen war. Die erstere, «großdeutsche» Lösung wäre mit einem deutschen Nationalstaat nur um den Preis einer Teilung des habsburgischen Vielvölkerstaates vereinbar gewesen. Das verhinderte die österreichische Regierung noch im März 1849 mit dem Erlass einer zentralistischen Verfassung für den Gesamtstaat. Damit setzten sich die Anhänger eines «kleindeutschen» preußischen Erbkaisertums durch. Sie gewannen die Unterstützung der linken Demokraten durch das Zugeständnis allgemeiner, gleicher, direkter und geheimer Wahlen. Doch der preußische König verweigerte die Annahme der angebotenen Kaiserkrone. Die Verfassungsberatungen hatten die real fortbestehende Macht der deutschen Staatsgewalten vernachlässigt. Diese dachten nicht ernsthaft daran, die monarchische Legitimität der in Frankfurt verkündeten «Souveränität der Nation» zu opfern.

Das Jahr 1849 erlebte noch eine Volksbewegung mit mehreren Aufständen zur Durchsetzung der Reichsverfassung, die der Deutsche Bund gewaltsam unterdrückte. Das tragische Ende des Freiheitskampfes konnte indessen nur kurze Zeit darüber hinwegtäuschen, dass sich die Kraft der zunächst reorganisierten Repression verbraucht hatte. Nur Österreich vermochte noch für ein Jahrzehnt eine Art «Neoabsolutismus» zu etablieren, während Preußen seit 1850 endgültig in den Kreis der konstitu-

tionellen Verfassungsstaaten eingetreten war (IV. 2.). Die Furcht
vor einem erneuten revolutionären Aufbegehren gemahnte zur
Vorsicht. Und die deutsche Frage stand umso drängender im
Raum, als Preußen die ihm einmal angebotene Führungspositi-
on zur Errichtung eines eigenen Bundes zu nutzen versuchte
(«Erfurter Union»). Nach dem Scheitern dieses Planes löste die
machtpolitische Pattsituation der beiden Großmächte erst ein
neuer Konflikt. Sie vermochten sich nicht über die Zukunft des
nach dem Deutsch-Dänischen Krieg 1864 vereinigten Schles-
wig-Holstein zu einigen. Als Preußen seinen Anspruch auf diese
Länder gewaltsam durchzusetzen beginnt, löst Österreich dagegen eine Bundesexekution aus, die Preußen mit der Schlacht
von Königgrätz 1866 siegreich beendet. Der Deutsche Bund
wird aufgelöst.

4. Das konstitutionelle Verfassungssystem
des Deutschen Reiches seit 1867/71

Seit dem preußischen Verfassungskonflikt (IV. 2.) konnte nicht
mehr zweifelhaft sein, dass die deutschen Regierungen weiterhin vom Monarchen ohne Rücksicht auf die Mehrheiten in den
Parlamenten gebildet würden. Deren Vertrauen war für die
Amtsführung der Minister nicht notwendig, wenn auch wegen
der Gesetzgebungskompetenz der Abgeordnetenkammern nützlich. Politiker und Rechtsgelehrte sorgten je länger je mehr dafür, die Vorzüge des deutschen Konstitutionalismus gegenüber
dem englischen Parlamentarismus zu preisen. War damit der
politische Liberalismus auch mit einem zentralen Anliegen gescheitert, so beginnt doch seit dem Regierungsantritt Wil-
helms I. von Preußen 1858 eine «neue Ära». Innerhalb von zwei
Jahrzehnten werden in den deutschen Staaten, seit 1867 im
Norddeutschen Bund und seit 1871 im Deutschen Reich zahlreiche politische Projekte verwirklicht, die seit zwei Generationen im Mittelpunkt liberaler Bestrebungen standen: Freizügigkeit und Bekenntnisfreiheit, Zivilehe und vollkommene Eman-
zipation der Juden, Gewerbefreiheit durch die deutsche
Gewerbeordnung von 1869, Koalitionsfreiheit, Schutz des

Briefgeheimnisses durch das Postgesetz 1871, die Regelung der Pressefreiheit 1874, das Recht auf den gesetzlichen Richter, Unabhängigkeit der Gerichte, Schutz der persönlichen Freiheit und der Wohnung in den Reichsjustizgesetzen 1877. Noch im 19. Jahrhundert entstehen erste Verwaltungsgerichte. Nach damaliger Rechtslehre leistete die Garantie staatsbürgerlicher Rechte in einfachen Gesetzen ebenso viel wie ihre Verankerung in einer Verfassung. Die Liberalen gaben sich daher mit dem erzielten Rechtsfortschritt zufrieden, hatten sie doch in den Beratungen über die Verfassung des Norddeutschen Bundes 1867 die Aufnahme von Grundrechten gegen den Widerstand Bismarcks nicht durchsetzen können.

Nach der Auflösung des Deutschen Bundes und dem damit verbundenen Ausscheiden Österreichs aus der deutschen Politik (IV. 3.) gründete Preußen 1867 mit dem Norddeutschen Bund einen ersten deutschen Bundesstaat, der sich zwar in dem 1871 gegründeten Deutschen Reich fortsetzte, dem jedoch Baden, Bayern, Württemberg und Hessen südlich des Mains noch nicht angehörten. Durch Beistandsverträge gebunden und daher am Krieg gegen Frankreich 1870 beteiligt, traten sie dem neuen Staate erst nach der siegreichen Schlacht von Sedan im November 1870 bei – zu Bismarcks Bedingungen mit geringen Reservatrechten. Denn seit der Überwindung Österreichs bestimmte er unangefochten die Politik Preußens als der in Deutschland nun unangefochtenen Hegemonialmacht. Danach hatte der Prozess der Reichsgründung nicht wie einst in der Paulskirche mit einer Willensbekundung von Volksvertretern begonnen, sondern als Einladung des mächtigsten deutschen Monarchen an die anderen deutschen Herrscher, sich mit ihm in einem Bunde zu vereinigen. So wurde nun auch die Ausrufung des preußischen Königs zum «Deutschen Kaiser» im Spiegelsaal von Versailles am 18. Januar 1871, dem Krönungstag des ersten preußischen Königs im Jahre 1701, organisiert. Ein «Kaiser von Deutschland» sollte es keinesfalls sein, durfte die monarchische Legitimität der deutschen Fürsten doch nicht verdunkelt werden. Die Verfassung des Norddeutschen Bundes von 1867 erfuhr nur insofern eine Veränderung, als sie den Kaisertitel aufnahm und den Namen eines «Reiches» wiederbelebte. Der Reichsgründung in Versailles, so wie sie nun einmal geschehen ist, kam eine hohe Symbolkraft zu, die ein berühmt gewordenes Gemälde anschaulich machte: der Kaiser im Kreise seiner Standesgenossen und seines Heeres, fern allen anderen Vertretern des Volkes. Nicht, dass man diesem einen mangelnden Willen zur Einheit Deutschlands unterstellen dürfte, da ja auch die deutschen Parlamente zustimmten. Aber der Stil, in dem sich der neue Staat präsentierte, trug zur Prägung seines Charakters bei.

Große Aufmerksamkeit verdient die 1867 von Bismarck ausgearbeitete und in den Beratungen des konstituierenden Reichstags nur wenig modifizierte Verfassung. Ihr Konzept beruht auf einer eigentümlichen Kombination des Bundesgedankens mit einer gesamtstaatlichen Repräsentation des Volkes. Höchstes politisches Organ war nicht etwa eine Reichsregierung, sondern ein Bundesrat, in dem die 25 deutschen Regierungen mit unterschiedlichem Stimmgewicht unter dem Vorsitz des Reichskanzlers zusammenwirken sollten. Der Bundesrat bildete acht Ausschüsse, die sich im Rahmen der Reichskompetenzen etwa jenen Sachfragen widmeten, die anderswo den fünf klassischen Ministerien zugewiesen waren (IV. 1.). Mit dieser Konstruktion sollte ein verantwortliches Ministerium vermieden werden. Doch akzeptierte Bismarck schließlich den folgenden Kernsatz des konstitutionellen Verfassungsrechts: *«Die Anordnungen und Verfügungen des Kaisers werden im Namen des Reichs erlassen und bedürfen zu ihrer Gültigkeit der Gegenzeichnung des Reichskanzlers, welcher dadurch die Verantwortung übernimmt.»* Auch wenn offenblieb, was nach dem preußischen Verfassungskonflikt die *«Verantwortung»* in Zukunft bedeuten sollte, so eignete sich die Vorschrift doch als Grundlage eines dauerhaften politischen Dialogs des Reichstags mit dem Reichskanzler. Die Volksvertretung ging aus gleichen, direkten, geheimen Wahlen gemäß den Regeln des Mehrheitswahlsystems hervor. Bismarck hatte mit der Übernahme des 1849 vereinbarten Wahlrechts (IV. 3.) dem Reichstag eine demokratische Legitimation zugestanden, die er als Gegengewicht des Reiches gegenüber seinem hervorgehobenen Bundescharakter und gegenüber ultrareaktionären Kräften begriff. Verfassungsänderungen waren nur im Wege der Gesetzgebung möglich, und diese erforderte übereinstimmende Mehrheitsbeschlüsse von Reichstag und Bundesrat. Dem Kaiser als bloßem Inhaber des «Präsidium des Bundes» stand ein Vetorecht nicht zu. Er war trotz seines Titels kein «Reichsmonarch», obwohl er auf die Politik über den von ihm berufenen Reichskanzler Einfluss nehmen konnte. Doch auch der Reichstag konnte mit dem Recht, Gesetze vorzuschlagen, selbst politisch aktiv werden. Seine Zuständigkeit für die Verabschiedung des Haushalts war im Bereich des Militärwesens allerdings eingeschränkt. Schon die Verfassung schrieb die Finanzierung der von ihr zum Jahresende 1871 festgelegten Friedens-Präsenzstärke des Heeres nach einem bestimmten Zahlenschlüssel vor. Spätere Veränderungen der Heeresstärke bedurften aber gesetzlicher Regelung. Dem Kaiser waren andererseits umfassende militärische Organisationsbefugnisse eingeräumt. Die Verfassung hatte also das Spannungsverhältnis von Haushalt und Kommandogewalt nicht lösen können.

Die Verfassungspraxis stand unter dem Druck der politischen Realitäten. Rasch entpuppte sich die nun allgemein so genannte «Reichsleitung» durch den Reichskanzler und den Bundesrat als eine Fiktion. Reichskanzler war stets der preußische Ministerpräsident. Bismarck aber dachte nicht ernsthaft daran, die Gestaltung der Reichspolitik dem Bundesrat als einem Organ anzuvertrauen, in dem Preußen nur 17 von 58 Stimmen zustanden. Da er deshalb den Vorsitz nur selten wahrnahm, blieben auch die Minister anderer deutscher Staaten fern. Der Bundesrat entwickelte sich zu einem Gremium, in dem stellvertretende Bevollmächtigte der einzelnen deutschen Regierungen, Spitzenbeamte der dortigen Ministerien, ihr fachliches Wissen in die Beratung der Gesetzesvorlagen einbrachten. Alle politische Planung dagegen konzentrierte sich im Reichskanzleramt, das binnen Kurzem gezwungen war, besondere «Reichsämter» auszugliedern oder zu gründen – «Ämter» deshalb, weil die Verfassung «Ministerien» ja nicht vorgesehen hatte. So wurde schon 1870 das preußische Außenministerium in Auswärtiges Amt umbenannt, 1872 die kaiserliche Admiralität gegründet (seit 1889 Reichsmarineamt), 1873 das Reichseisenbahnamt, 1876 das Amt des Generalpostmeisters (1880 Reichspostamt), 1877 das Reichsjustizamt, 1879 das Reichsschatzamt und das Reichsamt des Innern, 1907 ein Reichskolonialamt. An der Spitze dieser Ämter standen nur dem Reichskanzler untergeordnete Staatssekretäre. Da die Reichsämter und ihre Chefs aber bald begannen, eigenes politisches Profil zu entwickeln, kam es 1878 zum Erlass eines «*Gesetzes betreffend die Stellvertretung des Reichskanzlers*». Es sah generell die Möglichkeit einer Vertretung des Reichskanzlers bei der diesem obliegenden Gegenzeichnung kaiserlicher Anordnungen und anderer Aufgaben vor, erwähnte besonders aber die Vertretung «*für diejenigen einzelnen Amtszweige, welche sich in der eigenen und unmittelbaren Verwaltung des Reichs befinden*», durch «*die Vorstände der dem Reichskanzler untergeordneten obersten Reichsbehörden*». Das Gesetz hat damit zwar keine ausdrückliche Verantwortlichkeit der Staatssekretäre für ihren «Amtszweig» gegenüber dem Reichstag eingeführt, sie aber als Faktum durch die Unterschriftsleistung dokumentieren lassen. Auch das Stellvertretergesetz sucht den Anschein einer insgesamt dem Parlament verantwortlichen Regierung zu vermeiden. Und in der Tat sind die Staatssekretäre auch nur ausnahmsweise zu gemeinsamen Beratungen wie ein Regierungskollegium zusammengetreten. Im amtlichen Gebrauch durfte das Wort «Reichsregierung» nicht verwendet werden.

5. Autoritäre, soziale, parlamentarische Tendenzen bis 1918

Die erste Reichstagswahl im Jahre 1867 hatte den Liberalen aller Schattierungen fast die Hälfte der Sitze eingebracht. Unter ihnen bildete die neu gegründete und mit Bismarck kooperierende Partei der Nationalliberalen die weitaus größte Fraktion. Diese politische Zusammenarbeit ermöglichte jene rechtsstaatliche Gesetzgebung, die auch in Zukunft richtungsweisend blieb (IV 4.). Frühzeitig aber zeigte sich im Deutschen Reich die fortdauernde Wirkung des gewohnten autokratischen Denkens, das jetzt auch Ziele nationalstaatlicher Politik aufnahm. Daraus erwuchsen zunächst Spannungen mit der katholischen Kirche, deren «ultramontane» Bindung an den Papst als staatsgefährdend galt. Hatte Preußen schon in der ersten Hälfte des 19. Jahrhunderts bei Fragen der Ämterbesetzung und der Mischehe auf dem Vorrang staatlicher Gesetze gegenüber dem Kirchenrecht bestanden, so schien mit der Verkündung päpstlicher Unfehlbarkeit auf dem ersten vatikanischen Konzil 1870 eine grundsätzliche Illoyalität des katholischen Klerus zu drohen. Der 1871 in das Strafgesetzbuch eingefügte «Kanzelparagraph» verbot, dass ein Geistlicher «*Angelegenheiten des Staates in einer den öffentlichen Frieden gefährdenden Weise zum Gegenstand einer Verkündigung oder Erörterung macht*». Weit über tausend Pfarrer und einige Bischöfe saßen Gefängnisstrafen ab, andere wurden ihres Amtes für verlustig erklärt. 1872 unterstellte ein Schulaufsichtsgesetz in Preußen alle kirchlichen Schulen staatlicher Kontrolle, 1873 versuchte der Staat, die Klerikerausbildung zu reglementieren, 1875 führte er die obligatorische Zivilehe ein. Diese und andere Maßnahmen lassen erkennen, dass der von den Liberalen ausdrücklich so genannte «Kulturkampf» auch um die Klärung des Verhältnisses von Staat und Kirche tobte und insofern ein sachliches Problem zugrunde lag. Aber Bismarck und selbst liberale Politiker zögerten nicht, dabei tief in die staatsbürgerlichen Rechte der Meinungsfreiheit und Religionsfreiheit einzugreifen. Ihr Misserfolg zeichnete sich schon 1874 ab, als die katholische Zentrumspartei einen großen Wahlerfolg errang. Seit 1882 kommt es nach Verhandlungen zu einer teilweisen Rücknahme der Kulturkampfgesetze.

Die Zusammenarbeit Bismarcks mit den Nationalliberalen erlitt 1876 einen Einbruch, als sich Bismarck im Zuge der durch den «Gründerkrach» 1873 ausgelösten Wirtschaftskrise genötigt sah, den Freihandel einzuschränken und ausländische Konkurrenz durch Schutzzölle fernzuhalten. Die dafür im Reichstag benötigte konservative Mehrheit erhielt er 1878 in einer Reichstagswahl, der zwei vergebliche Attentate auf den Kaiser und die Auflösung des Reichstags vorangegangen waren. Nun hatte Bismarck in den Sozialisten den «Reichsfeind» Nummer Eins erkannt. In ihrem «Eisenacher Programm» begriff sich die 1869 gegründete «*Sozialdemokratische Arbeiterpartei*» selbst als «*Zweig der internationalen Arbeiterassoziatio*» und ihre Ziele als «*sozial*», nicht «*national*». Obwohl im Reichstag 1871 nur mit 2 und 1878 gerade mit 9 Abgeordneten vertreten (von 397), wurde die Partei durch das 1878 für drei Jahre erlassene, aber später mehrmals verlängerte «*Gesetz gegen die gemeingefährlichen Bestrebungen der Sozialdemokratie*» («Sozialistengesetz») massiv unterdrückt. Vereine, Versammlungen, Druckschriften sozialistischen Inhalts waren von den Behörden zu verbieten und die beteiligten Personen zu bestrafen; Gastwirte, Buchdrucker, Buchhändler und ähnliche Helfer mussten außerdem mit der Untersagung des Gewerbebetriebes rechnen. Die Partei konnte damit in der Öffentlichkeit nicht mehr auftreten. Das passive Wahlrecht ihrer Vorkämpfer blieb indessen unberührt, so dass es auch weiterhin sozialdemokratische Abgeordnete im Reichstag gab. Aber das Sozialistengesetz hatte erneut mit Zustimmung des Reichstags für viele Staatsbürger zentrale Freiheitsrechte außer Kraft gesetzt. Dieser Politik verschafften gegen den Widerstand der Linksliberalen und der Zentrumspartei fast ausschließlich Konservative und Nationalliberale die notwendige Mehrheit im Parlament. Die zahlreichen Aristokraten unter den Abgeordneten fanden sich übrigens in beiden politischen Lagern – ein unübersehbares Indiz für die Assimilation der alten Stände in der bürgerlichen Gesellschaft und ihren Parteien.

Staatsbürgerliche Rechte konnten auch durch die Anwendung des Strafgesetzbuches gefährdet sein. Das Reichspressegesetz von 1874 schloss willkürliche Verbote von Druckwerken aus, nicht aber die Bestrafung verantwortlicher Redakteure, wenn kritische Beiträge zum Beispiel den Tatbestand der Majestätsbeleidigung erfüllten. Der Fall trat so häufig ein, dass sich in Redaktionen ein «Sitzredakteur» für Gefängnisaufenthalte bereithielt. Über die Grenzziehung zwischen politischer Meinungsfreiheit und strafrechtlichem Staatsschutz war ein gesellschaftlicher Konsens noch nicht zu erzielen und Rechtsunsicherheit die Folge. Aus ähnlichen Gründen verblieb das Streikrecht in einer Grauzone zwischen Freiheit und Rechtsbruch. Die Gewerbeordnung von 1869 hatte mit der Aufhebung aller bis dahin bestehenden Verbote die Koalitionsfreiheit ausdrücklich garantiert (§ 152) und gleichzeitig den Arbeitswilligen weitgehend geschützt (§ 153). Das Reichsgericht jedoch kriminalisierte mit Hilfe dieser Vorschrift selbst die Arbeitskampfdrohung und scheute auch vor einer Anwendung des Erpressungstatbestandes (§ 253 StGB) nicht zurück. Verhindern konnte diese Rechtsprechung Arbeitsniederlegungen aber nicht. 1889 hat ein Massenstreik der Bergarbeiter im Ruhrgebiet, deren Abgesandte selbst vom Kaiser empfangen wurden, das Streikrecht und die Gewerkschaften in der wilhelminischen Gesellschaft endgültig etabliert. Juristen begannen, das Arbeitsrecht als eine eigenständige Materie zwischen Privatrecht und öffentlichem Recht zu durchdenken.

Auch in der patriarchalischen Gedankenwelt Bismarcks und der Hohenzollernkaiser stellte sich die «Arbeiterfrage» grundsätzlicher als eine «soziale Frage» dar, die Antworten der Politik herausforderte. Sie wurden durch die Existenz der sozialistischen Bewegung beschleunigt, die man durch eine Sozialgesetzgebung schwächen wollte, die wichtige Ziele der Sozialisten übernahm. Trotz dieser auch rückwärtsgewandten Motivation schuf das Deutsche Reich binnen weniger Jahre die Grundlagen moderner Sozialstaatlichkeit. Der kaiserlichen Botschaft zur sozialen Frage im Jahre 1881 folgten zunächst 1883, 1884 und 1889 Gesetze über die Kranken-, Unfall- und Invalidenversicherung, 1891 die Verbesserung des Arbeitsschutzes durch eine Novelle zur Gewerbeordnung, 1890 die Einführung fakultativer und 1901 obligatorischer Gewerbegerichte für Arbeitsstreitigkeiten sowie die Einführung von Arbeiterausschüssen im Bergbau. Die 1910 erlassene Reichsversicherungsordnung bildete weit über das Ende des Kaiserreiches hinaus die Grundlage des Sozialversicherungswesens.

Die konstitutionelle Verfassungspraxis, der eine Bindung der Regierung an den politischen Willen einer bestimmten Parlamentsmehrheit fremd war, bot Entwicklungsmöglichkeiten in ganz verschiedene Richtungen. Im Prinzip handelte es sich um ein «System der wechselnden Mehrheiten», weil sich die Reichsleitung je nach Art ihrer Gesetzesvorlagen Unterstützung verschiedener Parteien suchen musste. Was aber, wenn sie ausblieb? Bismarck befand sich mehrmals in dieser Lage. Die Verfassung erlaubte die Auflösung des Reichstages und Ausschreibung von Neuwahlen durch Beschluss des Bundesrates mit Zustimmung des Kaisers. Bismarck setzte dieses Instrument zweimal unter nationalen Appellen an das Wählervolk erfolgreich ein, 1876 zur Durchsetzung der Schutzzollpolitik, 1887 um eine drastische Erhöhung der Heeresstärke zu erreichen. Als die so erreichte politische Unterstützung mit dem Wahlergebnis von 1890 entfiel und der Reichstag das Sozialistengesetz nicht mehr verlängerte, erwog Bismarck ernsthaft die Möglichkeit eines Staatsstreichs. Seine Regierungspolitik war in eine Sackgasse ohne legalen Ausweg geraten. Bismarcks Entlassung in diesem Jahre erfolgte allerdings vor allem deshalb, weil der junge Kaiser Wilhelm II. beanspruchte, selbst politische Richtungsentscheidungen zu treffen. Die Verfassung verbot ihm das nicht. Dabei bewies er weder politische Weitsicht noch ließ er das in seinem Amte notwendige Fingerspitzengefühl erkennen. Vielmehr trugen später seine verbalen Ausfälle in Interviews («Daily-Telegraph-Affäre») und bei anderer Gelegenheit dazu bei, den Glauben an die Monarchie zu erschüttern.

Der andere Entwicklungstrend des spätkonstitutionellen Verfassungssystems wies in die Richtung einer engeren Zusammenarbeit zwischen dem Reichskanzler und einer Reichstagsmehrheit. Bismarck selbst hatte sich 1887 bis 1890 auf ein «Kartell» von Konservativen und Nationalliberalen gestützt. Nach seinem Abschied nutzte der Reichstag die von den pragmatisch agierenden Reichskanzlern Caprivi (bis 1894) und Hohenlohe-Schillingsfürst (bis 1900) gelassenen Freiräume für eigene politische Initiativen und Verhandlungen mit den Spitzen der Reichsämter. In dieser Zeit neu gegründete Parteien der liberalen Mitte forderten die «*Verwirklichung der Ministerverantwortlichkeit*» (Freisinnige Volkspartei 1894) oder die «*Bestimmung der staatlichen Politik durch den Mehrheitswillen der parlamentarisch vertretenen Nation*» (Deutsche Volkspartei

1895). Die folgende Regierungszeit des Reichskanzlers Bülow führte zu einer engen Kooperation mit einer bestimmten, rechtskonservativen Parteiengruppierung («Bülow-Block»). Als diese 1909 zerbrach, weil die Konservativen die geplante Besteuerung der Erben ablehnten, trat der Reichskanzler zurück – wie ein parlamentarisch verantwortlicher Regierungschef. Sein Nachfolger Bethmann-Hollweg (bis 1917) sperrte sich gegen jegliche Tendenzen dieser Art. Er konnte jedoch nicht verhindern, dass nach der Reichstagswahl 1912, als die SPD einen großen Erfolg erzielte und mit dem Zentrum und den Linksliberalen eine parlamentarisch gesinnte Mehrheit bildete, durch eine bloße Änderung der Geschäftsordnung das Misstrauensvotum eingeführt wurde. Der Rücktritt des Reichskanzlers ließ sich auf diesem Wege nicht erzwingen. Aber als die Reichstagsmehrheit vom Misstrauensvotum nach tumultösen Auftritten des Militärs im Elsass («Zabern-Affäre») erstmals Gebrauch machte, kam dieser ausdrücklichen Distanzierung des Parlaments von der Reichsleitung unter dem Beifall der Öffentlichkeit doch eine hohe Symbolkraft zu.

Der Erste Weltkrieg erzwang dagegen eine enge Zusammenarbeit von Reichsleitung und Reichstag, die ihren Höhepunkt 1917 erreichte, als der Kaiser mit Graf Hertling vom Zentrum erstmals einen Parteipolitiker zum Reichskanzler ernannte und ein «*Interfraktioneller Ausschuss*» der SPD, des Zentrums und der linksliberalen Fortschrittlichen Volkspartei den Mehrheitswillen des Parlaments und die Politik der Reichsleitung koordinierte. Schon im Schatten der Niederlage, im Oktober 1918, fand sich der Bundesrat endlich bereit, in die Verfassung den Satz einzufügen, dass der Reichskanzler «*zu seiner Amtsführung des Vertrauens des Reichstages*» bedürfe. Im Verlauf des Ersten Weltkrieges hatten auch die Staatsaufgaben zugenommen. Mit einem Kriegsernährungsamt (später Reichsernährungsamt), einem Reichswirtschaftsamt und einem Reichsarbeitsamt waren neue, große Verwaltungen entstanden. Spätestens in dieser Zeit einer Krise mit extremen Belastungen für breiteste Bevölkerungskreise hatte sich Bismarcks Verfassungskonstrukt endgültig überlebt.

V. Von der Demokratie zur Diktatur und zurück: Das 20. Jahrhundert

1. Von der Monarchie zur Weimarer Verfassung

Für den Ersten Weltkrieg ist zwar der Konkurrenzkampf der europäischen Nationen verantwortlich gewesen, deren Politik stets einen großen Krieg einkalkulierte. Zum Ausbruch dieser «Urkatastrophe» aber haben die Monarchien Mitteleuropas erheblich beigetragen – Österreich-Ungarn nach der Ermordung des Thronfolgers in Sarajevo durch seine Entscheidung für den Krieg gegen Serbien trotz russischer Generalmobilmachung, das Deutsche Reich durch die gewährte Rückendeckung, da sich die deutsche Generalität dem ohnehin befürchteten Zweifrontenkrieg damals noch gewachsen fühlte. Über den Eintritt in den Krieg hatte 1914 allein die Reichsleitung zu entscheiden, wenn auch der einstimmige Beschluss des Reichstags über die Aufnahme der Kriegskredite als Zustimmung zu werten ist. Doch die Verantwortung für die militärische Niederlage nach einem bis dahin beispiellosen Kriegsgeschehen mit Millionen Opfern lastete auf dem Kaiser als höchstem Repräsentanten nicht nur der Heeresleitung, sondern der deutschen Politik überhaupt.

Daher konnte es niemand überraschen, dass bald nach dem deutschen Waffenstillstandsangebot seit Ende Oktober 1918 Unruhen ausbrachen, beginnend unter den Matrosen in Kiel, in den ersten Novembertagen übergreifend auf viele größere Städte des Reiches. Arbeiter- und Soldatenräte entstanden. Seitdem sich 1917 die Unabhängigen Sozialisten (USPD) mit dem gewaltbereiten Spartakusbund von den Mehrheitssozialisten (MSPD) getrennt hatten, gab es auch eine revolutionäre politische Kraft, mit der die Führung der MSPD rechnen musste. Sowohl der vom Mehrheitswillen des Parlaments gestützte Reichskanzler Prinz Max von Baden wie auch die MSPD forderten den Kaiser seit dem 4. November zum Rücktritt auf, um der Monarchie mit einem Kaiserenkel als Regenten noch eine Chance zu geben. Vergeblich. Am Morgen des 9. November verkündet die MSPD in Berlin einen Generalstreik, der Menschenmassen mobilisiert; um die Mittagszeit gibt der Reichskanzler die noch nicht erfolgte Abdankung des Kaisers bekannt und überträgt sein Amt dem MSPD-Vorsitzenden Friedrich Ebert; um 14 Uhr ruft der MSPD-Politiker Scheidemann am Reichstagsgebäude die «*deutsche demokratische Republik*» aus, wenig später Karl Liebknecht am Schloss eine «*freie sozialistische Republik*». Der neue Reichskanzler vereinbart eine Zusammenarbeit mit der Obersten Heeresleitung, um einen Umsturz nach dem Vorbild der russischen Bolschewiki und einen Bürgerkrieg zu verhindern, die prekäre Nahrungsmittelversorgung nicht zu gefährden, das Militär geordnet aus Frankreich heimzuführen («Ebert-Gröner-Pakt»). Am 10. November geht der Kaiser in die Niederlande ins Exil.

Die Republik wurde im Schatten einer revolutionären Bedrohung durch einen Staatsstreich ins Leben gerufen. Das gilt nicht nur für die Bekanntgabe der Abdankung des Kaisers, die seiner Absetzung gleichkam. Auch die Berufung des Reichskanzlers durch seinen Vorgänger war in Bismarcks Reichsverfassung nicht vorgesehen. Aber sie schuf eine quasilegale Fassade, die der Beamtenschaft und der Armee den Gehorsam gegenüber dem neuen Staatswesen erleichterte. Die Kehrseite dieser innerhalb weniger Stunden vollzogenen Schritte war die Kontinuität der staatlichen Institutionen und damit auch die Fortdauer des von der Monarchie geprägten obrigkeitsstaatlichen Denkens der Staatsdiener. Die Regierungsgeschäfte indessen nahm zunächst ein Gremium wahr, das sich nur revolutionär legitimierte. Denn der aus je drei Vertretern der MSPD und USPD bestehende «*Rat der Volksbeauftragten*» stützte sich allein auf die Bestätigung durch die Berliner Arbeiter- und Soldatenräte. Er nahm eine diktatorische Gesetzgebungsgewalt für das Reich in Anspruch, die vor allem durch überfällige Reformen Geschichte gemacht hat: Aufhebung der Gesindeordnungen, Einführung des Achtstundentages und des Frauenwahlrechts, Erlass einer ersten allgemeinen Verordnung uber das Iarifvertragswesen.

Die Gemeinsamkeiten zwischen den beiden sozialistischen Parteien stießen jedoch an Grenzen, als verfassungspolitische Entscheidungen anstanden. Diese traf nicht der Rat der Volksbeauftragten, sondern ein aus landesweiten Wahlvorgängen hervorgegangener «*Reichskongress der Arbeiter- und Soldatenräte*». Diese Versammlung stimmte mit großer Mehrheit für baldige Wahlen zu einer verfassungsgebenden Nationalversammlung. Den Antrag, das Rätesystem auf Dauer zu etablieren, unterstützte nur ein Fünftel der Delegierten. Als es zu bewaffneten Aufständen von Spartakusgruppen kam und die MSPD-Angehörigen des Rates der Volksbeauftragten nicht zögerten, dagegen Militär einzusetzen, verließen ihn die Vertreter der USPD. Für die Idee einer «sozialistischen» und zugleich auf demokratischen Wahlen beruhenden Republik existierte kein Verfassungsmodell.

Obwohl die Wahlen am 19.1.1919 erstmals nach dem Verhältniswahlsystem durchgeführt worden waren, hatte sich das Spektrum der politischen Kräfte kaum verändert. Die schon vor 1914 parlamentarisch denkenden Parteien der Sozialdemokraten, des Zentrums und der jetzt in der «*Deutschen Demokratischen Volkspartei*» (DDP) reorganisierten Linksliberalen verfügten auch in der in Weimar zusammentretenden Nationalversammlung über eine komfortable Mehrheit. Dieser «Weimarer Koalition» verdankte Deutschland die am 14.8.1919 in Kraft getretene so genannte Weimarer Reichsverfassung (WRV). Sie versuchte, das demokratische Prinzip so umfassend wie möglich zu verwirklichen: durch die Abhängigkeit der Regierung vom Vertrauen der Parlamentsmehrheit (Art. 54 WRV), durch die Volkswahl des Reichspräsidenten (Art. 41 WRV), durch die Möglichkeit von Volksentscheiden (Art. 73 – 75 WRV), durch Verfassungsänderungen mittels einer qualifizierten Parlamentsmehrheit oder im Wege von Volksentscheiden (Art. 76 WRV). Die Verfassung stand jederzeit zur Disposition des Gesetzgebers wie auch des unmittelbaren Volkswillens. Es hätte also ganz legal die Monarchie wieder eingeführt werden können. Das war nicht unumstritten. Doch sei dem deutschen Staatsrecht die Unterscheidung der gesetzgebenden von der verfassunggebenden

Gewalt nun einmal fremd, schrieb der führende Kommentator der Verfassung, Gerhard Anschütz. Die Frage nach der Zulässigkeit grundlegender Verfassungsänderungen auf dem Boden der Verfassung war niemals nur theoretischer Natur. Sie motivierte das Handeln mancher politischer Akteure und erleichterte später den Nationalsozialisten die Behauptung einer «legalen» Machtübernahme (V. 3). Auch stillschweigende Verfassungsänderungen durch einfache Gesetze waren zulässig.

Dem Reichspräsidenten hatte die Verfassung die Rolle eines demokratisch legitimierten, von den Parteien unabhängigen «*Kontrollorgans*» zugedacht. Er war es, der nach seiner formell freien Entscheidung den Reichskanzler und auf dessen Vorschlag die Reichsminister in ihr Amt berief und entließ (Art. 53 WRV), wenngleich das erforderliche Vertrauen des Reichstags seinen Handlungsspielraum faktisch beschränkte. Gegen seinen Willen konnte ihm der Reichstag aber keinen Kandidaten für das höchste Regierungsamt aufdrängen. Der Reichspräsident durfte auch selbst als Gesetzgeber tätig werden, nämlich bei erheblicher Störung oder Gefährdung der «*öffentlichen Sicherheit und Ordnung*» die zu ihrer «*Wiederherstellung ... nötigen Maßnahmen treffen*» (Art. 48 Abs. 2 WRV). Darunter verstanden Rechtslehre und -praxis auch Verordnungen mit Gesetzeskraft. Diese «Diktaturgewalt» bestand nur solange, wie der Reichstag nicht verlangte, die «*Maßnahme*» außer Kraft zu setzen (Art. 48 Abs. 3 WRV). Auch ihr fehlte eine demokratische Legitimation also nicht. Doch gestattete der Erlass solcher «Notverordnungen» durch den Präsidenten dem Reichstag, durch nur passive Duldung die eigene Verantwortung für wenig populäre Gesetze zu verschleiern (V. 2.). Der Reichstag hat auch seine Gesetzgebungsgewalt (Art. 68 WRV) der Reichsregierung vorübergehend übertragen – bis 1923 nicht weniger als achtmal. Über diese so genannten «Ermächtigungsgesetze» verlautete in der Verfassung nichts. Man entnahm ihre Zulässigkeit dem Gesetzgebungsrecht des Parlaments, dem die Verfassung keine Grenzen zog. Während des Ersten Weltkrieges hatte sich die Gesetzgebung durch die Reichsleitung bewährt, als Reaktion auf eine Fülle organisatorischer Aufgaben. In den Nachkriegsjahren schienen Ermächtigungsgesetze daher nicht weniger geeignet, aktuelle Krisen zu bewältigen.

Die Weimarer Reichsverfassung hat mit einem umfangreichen Katalog von «*Grundrechten und Grundpflichten der Deutschen*» nachholen wollen, was Bismarck 1867 vermieden hatte. Es ging darum, die klassischen Freiheitsrechte endlich auch in der Reichsverfassung festzuschreiben. Weit darüber hinausgehend haben die Verfassungsväter aber verbindliche Umrisse der Gesellschaftsordnung regeln wollen. Neben den Rechten für die «*Einzelperson*» kennt die Verfassung daher lange Abschnitte über das «*Gemeinschaftsleben*», «*Religion und Religionsgesellschaften*», «*Bildung und Schule*» und das «*Wirtschaftsleben*». Dieses Vorhaben erwies sich allerdings als nur begrenzt realisierbar. Verschiedene politische Überzeugungen und Ziele trafen aufeinander. Kompromisse waren zu schließen und die Spielräume politischer Entscheidungen durften nicht für alle Zukunft begrenzt werden. Daher haben einige dieser Vorschriften den Charakter von Programmen, die entweder dem Gesetzgeber Ziele setzen (Art. 157 WRV: «*Das Reich schafft ein einheitliches Arbeitsrecht*») oder den Staatsbürger verpflichten, zum Beispiel «*persönliche Dienste für den Staat und die Gemeinde zu leisten*», natürlich nur «*nach Maßgabe der Gesetze*» (Art. 133 WRV). Noch weitergehend erklärt die Verfassung zur «*sittlichen Pflicht*» eines jeden Staatsbürgers, «*unbeschadet seiner persönlichen Freiheit ... seine geistigen und körperlichen Kräfte so zu betätigen, wie es das Wohl der Gesamtheit erfordert*» (Art. 163 WRV). Ein Hauch von Aristotelismus weht durch diese Regelungen (II. 7.). Der neue Staat des Volkes wollte mehr vereinigen als eine Summe individueller Sonderinteressen. Die Rede von der «Volksgemeinschaft» kommt auf und macht die Runde in allen Parteien.

2. Sieg und Siechtum des Parlamentarismus

Der bei einer Wahlbeteiligung von über achtzig Prozent außerordentliche Wahlsieg, dessen sich die Weimarer Koalition mit über siebzig Prozent der Stimmen im Januar 1919 erfreuen

durfte, bezeugt eine breite Zustimmung zur Demokratie auf
der Grundlage des parlamentarischen Prinzips. Wenn es daher
schon in den ersten Jahren der Republik zu einer Radikalisierung durch links- und rechtsextreme politische Kräfte gekommen ist und in den ersten Reichstagswahlen im Sommer 1920
die demokratischen Parteien erhebliche Verluste erlitten, dann
ist nach den Gründen dieser Entwicklung zu fragen. Die soziale Notlage breiter Bevölkerungskreise mag eine Rolle gespielt
haben. Aber gerade die Ökonomie der ersten Nachkriegsjahre
hat eher eine Erfolgsgeschichte geschrieben, weil es – um den
Preis einer sich allmählich beschleunigenden Inflation – gelungen war, die Masse der aus dem Krieg heimkehrenden Soldaten
wieder in den Arbeitsprozess einzugliedern. Größeres Gewicht
kommt daher wohl politischen Faktoren zu. Viele Vorkämpfer
sozialistischen Gedankengutes propagierten weiterhin das
Traumziel einer Räterepublik, die durch umfassende Sozialisie-
rungen privater Unternehmen größeren Wohlstand zu schaffen
versprach. Solche Ideen fanden auch Widerhall. Gegen bewaff-
nete Aufstände in Berlin und eine kurzlebige Räterepublik in
München sowie Massenstreiks im Ruhrgebiet und anderswo
setzte die Reichsregierung militärische und polizeiliche Mittel
ein. Erhebliche Stimmenverluste der SPD an die USPD und die
neu gegründete KPD waren die Folge. Noch deutlicher aber
zeichnete sich ein politischer Rechtsruck ab. Ausgelöst hat ihn
einerseits die Furcht vor einem deutschen Rätesystem nach sow-
jetischem Vorbild, andererseits eine Welle nationaler Emotio-
nen nach der Bekanntgabe der alliierten Friedensbedingungen
im Frühjahr 1919. Nicht nur erhebliche Gebietsabtretungen
standen ins Haus, sondern auch unabsehbare Reparationszah-
lungen, als deren Grund der Friedensvertrag die deutsche
Kriegsschuld ausdrücklich hervorhob – obwohl man doch
überzeugt war, vor dem Kriege sei das Reich von Feinden ein-
gekreist gewesen. Im aufgeheizten Klima der Nachkriegszeit
trübte sich der Blick für die politischen Realitäten. Paul von
Hindenburg, letzter Chef der Obersten Heeresleitung, der im
Herbst 1918 den sofortigen Waffenstillstand gefordert hatte,
erklärte nun die Niederlage mit den revolutionären Unruhen in

der Heimat («Dolchstoßlegende»). Ein rechtsextremer Staats-
streichversuch in Berlin («Kapp-Putsch») scheitert im März
1920 an dem dagegen ausgerufenen Generalstreik.

Weder Links- noch Rechtsradikale hatten eine ernsthafte
Chance, die Regierungsgewalt an sich zu reißen, weil die Ge-
gengewichte gemäßigt konservativer und gemäßigt linker Kräfte viel zu stark waren. So konnte die Republik auch das Kri-
senjahr 1923 überleben, als nochmals kommunistische Auf-
standsversuche in Sachsen und Hamburg sowie rechtsextreme
Entwicklungen in Bayern, gipfelnd in Hitlers Putschversuch im
November, dazu separatistische Bestrebungen im Rheinland
und die weitgehende Geldentwertung durch die Inflation die
Republik gefährdeten. Die Weimarer Koalition zerbricht durch
den Austritt der SPD, als der nationalliberale Reichskanzler
Gustav Stresemann gegen Sachsen unter Einsatz des Militärs
die Reichsexekution anordnet und damit eine dort auf parlamentarischer Grundlage amtierende Regierung von SPD und
KPD entmachtet. Seitdem regierten für mehrere Jahre bürgerliche Minderheitskabinette, die auf wechselnde Unterstützung
durch die Deutschnationale Volkspartei oder die SPD angewiesen waren. Wie schon in Zeiten der Monarchie sahen sich die
Parteien strikt an ihre Programmatik und die Erwartungen der
zugehörigen Wählerschichten gebunden. Die geringe Kompro-
missbereitschaft belastete die Funktionsfähigkeit der parlamentarischen Mechanismen. Dennoch erlebte die Weimarer Politik
nach dem Währungsschnitt im November 1923 seit 1924 eine
Phase der Konsolidierung. Trotz labiler Mehrheitsverhältnisse
gelangen wegweisende Gesetze. Eine erste Kartellverordnung
versuchte 1923 die Selbstaufhebung der Gewerbefreiheit zu er-
schweren; die mit der Tarifvertragsordnung 1918 und einem
ersten Betriebsrätegesetz 1920 begonnene Regelung des Ar-
beitsrechts findet durch die Errichtung der Arbeitsgerichtsbar-
keit 1926 und die Einführung der Arbeitslosenversicherung
1927 einen vorläufigen Abschluss. Andere Elemente der Verfassung erfüllten nicht die in sie gesetzten Erwartungen. Plebis-
zite blieben bedeutungslos. Die einzigen beiden Volksentschei-
de – die von der Linken geforderte entschädigungslose Fürsten-

enteignung und der von rechts forcierte Kampf gegen die Reparationen («Young-Plan») – erreichten die notwendigen Mehrheiten nicht

Zugleich aber begannen die Schatten des Weltkrieges durch die versöhnliche Außenpolitik Stresemanns und die Aufnahme Deutschlands in den Völkerbund 1926 zu weichen. Und die Beruhigung der innenpolitischen Verhältnisse schlug sich 1928 in einem Wahlerfolg der SPD auf Kosten der KPD nieder, der erneut die Bildung einer großen Koalition unter dem Sozialdemokraten Hermann Müller ermöglichte. Diese Regierung sah sich jedoch schon 1929 mit der beginnenden Weltwirtschaftskrise konfrontiert. Die ansteigende Arbeitslosigkeit erzwang die Sanierung der Arbeitslosenversicherung. Nun vermochten die SPD und die wirtschaftsliberale Deutsche Volkspartei keine Einigung über die Aufbringung der erforderlichen Finanzmittel zu erzielen. Die Regierung scheiterte im Frühjahr 1930, obwohl allen Beteiligten die einzige Alternative klar war: eine Regierung, die sich des Notverordnungsrechts des seit 1925 amtierenden Reichspräsidenten Hindenburg bedienen durfte. Dafür berief dieser aber nicht Müller, sondern den Zentrumspolitiker Heinrich Brüning. Der neue Reichskanzler schlug den Weg einer rigorosen Deflationspolitik ein, die mit Steuererhöhungen breite Volkskreise zu belasten drohte. Seine erste Notverordnung hob die Reichstagsmehrheit daher auf. Aus den daraufhin vom Reichspräsidenten im Herbst 1930 anberaumten Neuwahlen gingen die Kommunisten, viel mehr aber die Nationalsozialisten mit großen Gewinnen hervor. Von der Wirtschaftskrise profitierten die radikalen Flügel der Politik. Nunmehr sahen sich die demokratischen Parteien gezwungen, Brünings umstrittene Politik harter Sparmaßnahmen durch Ablehnung aller Anträge auf Aufhebung der Notverordnungen zu unterstützen. Hinter dieser neuartigen, so in der Verfassung nicht vorgesehenen «Präsidialdiktatur» verbargen sich im Umkreis Hindenburgs freilich auch Bestrebungen, die zu einer parlamentsunabhängigen Regierungspolitik zurückkehren wollten. Brüning selbst hat in seinen posthum erschienenen Memoiren bekannt, er habe die Rückkehr zur Monarchie im Rahmen eines parlamentarischen

Systems angestrebt. Als der Reichspräsident aber Brüning das
Notverordnungsrecht Ende Mai 1932 entzog, weil der Reichskanzler überschuldeten Großgrundbesitzern Subventionen zu
streichen und auf ihrem Land Arbeitslose anzusiedeln gedachte,
war das Ende dieses teils autoritären, latent aber demokratisch
geduldeten Regierungssystems gekommen.

Die danach beginnende Spätphase der Weimarer Republik
erscheint rückblickend als ein auswegloser Todeskampf. Der
vom Reichspräsidenten jetzt berufene Reichskanzler Franz von
Papen plante mit der Errichtung eines «*präsidialautoritativen
Staates*» die Beseitigung des parlamentarischen Prinzips. In
zwei Reichstagswahlen im Juli und November 1932 entschied
sich erstmals eine Mehrheit der Wähler für die Gegner der parlamentarischen Demokratie. Die Wähler der NSDAP hatten
sich verdoppelt (37,4%), die der KPD stabilisiert (14,6%). Die
Stimmen der Nationalsozialisten und Deutschnationalen
(5,9%) reichten allerdings nicht aus, um die Präsidialdiktatur
durch Notverordnungen dauerhaft zu etablieren. Die zweite
Reichstagswahl dieses Jahres hatte im Gegenteil der NSDAP
(33,1%) Verluste eingebracht. Außer durch die spektakuläre
Amtsenthebung der preußischen Regierung («Preußenschlag»)
kam Papen seinem politischen Ziel kaum näher. Ebenso scheiterte sein Nachfolger im Reichskanzleramt, der Reichswehrge-
neral Kurt von Schleicher, mit dem Plan, in einer Regierung der
«*nationalen Konzentration*» ein sozialpolitisches Programm
mit Hilfe sowohl der SPD wie auch des linken Flügels der Nationalsozialisten in Angriff zu nehmen. Wie ein Zeitzeuge, der
ehemalige Mitarbeiter Gustav Stresemanns und spätere Tübinger Politologe Theodor Eschenburg, im Alter bekannte, erwar-
tete in der Ausweglosigkeit jener Tage um die Jahreswende
1932/33 mancher einen erlösenden Staatsstreich des Militärs.
Nach seinen Worten «*schlug*» am 30.1.1933 die Ernennung
Adolf Hitlers zum Reichskanzler durch den Reichspräsidenten
«*wie eine Bombe ein*».

3. Zerstörung des Rechtsstaats, Verbrechen als Staatsaufgabe im «Dritten Reich»

Die zwölf Jahre des nationalsozialistischen Regimes von 1933 bis 1945 markieren eine Zeit des Verfassungsverfalls. Die Geschichte von Völkern und Staaten lehrt, dass ihre Existenz auf der Anerkennung elementarer rechtlicher Mechanismen beruht (I.). Die Besonderheit totalitärer Staaten des 20. Jahrhunderts bestand aber darin, dass sie nach Kriterien ihrer politischen Ideologie einzelnen Gruppen von Staatsbürgern jene menschenrechtlichen Qualitäten absprachen, die in der europäischen Staatenwelt seit der Aufklärung allgemeine Anerkennung gefunden hatten. Das Dritte Reich verkörperte die Politik der Ausgrenzung in extremsten Formen. Der Niedergang der Rechtsordnung durch die dauerhafte Aufhebung von Grundrechten, die Legalisierung und Durchführung des Massenmords als Staatsaufgabe und der Gehorsam gegenüber dieser Politik sind die Themen der Verfassungsgeschichte Deutschlands in der Zeit des Nationalsozialismus.

Die ersten Schritte auf dem Weg zu diesem Funktionswandel des Staates erleichterte die Weimarer Verfassung. Auch der neue Reichskanzler erhielt vom Reichspräsidenten das Notverordnungsrecht, da sich Hitler wie seine Vorgänger nicht auf eine Reichstagsmehrheit stützen konnte. Schon mit einer Verordnung vom 6.2.1933 schränkte die Regierung die Versammlungs-, Demonstrations- und Pressefreiheit ein. Zwei Tage später verfügte eine weitere Verordnung unter Missachtung eines reichsgerichtlichen Urteils die Entlassung der preußischen Regierung. Als neuer preußischer Innenminister erklärte Hermann Göring die von Hitler gegen politische Gegner gewalttätig eingesetzte «Sturmabteilung» (SA) und die «Schutzstaffel» (SS) zur Hilfspolizei; Angehörige der NSDAP wurden zu örtlichen Polizeipräsidenten ernannt. Ließen schon diese ersten Schritte die beginnende Unterwerfung des Staates unter den Willen des «Führers» erkennen, so beschleunigte sich die Entwicklung durch den am 27.2 1933 ausgebrochenen Brand des Reichstags, dessen Urheberschaft die Regierung der kommunistischen Be-

wegung unterschob. Die «Reichstagsbrandverordnung» vom
28.2.1933 setzte die grundlegenden Freiheitsrechte außer Kraft:
persönliche Freiheit, Unverletzlichkeit der Wohnung, Briefge-
heimnis, Meinungsfreiheit, Versammlungs- und Vereinigungs-
freiheit, Eigentumsschutz. Das war dem Reichspräsidenten gemäß Art. 48 Abs. II WRV «*vorübergehend*» erlaubt (V. 1.). In
den Händen einer Regierung, deren Ziel der Umsturz der bisherigen Verfassungsordnung war, verwandelte sich die für einen
Notfall gedachte Regelung in ein Instrument staatlicher Will-
kürherrschaft. Nicht nur die Verhaftung politischer Gegner
ohne richterliche Anordnung und daher auch die Errichtung
von Konzentrationslagern («Schutzhaft») erschien «legal».
Auch die nun beginnende, bis dahin unvorstellbare Kriminali-
sierung freier Meinungsäußerung gelang, weil Kritiker jederzeit
mit ihrer Inhaftierung rechnen mussten. Es blieb nicht bei der
Haft. Hitlers skrupellose Missachtung menschlichen Lebens
war spätestens mit der Ermordung der nach größerer Machtstellung strebenden SA-Führung und politischer Gegner mit
etwa 300 Opfern im Sommer 1934 offensichtlich geworden
(30.6. bis 2.7. so genannter «Röhmputsch»).

Die Errichtung eines autoritären Staates erforderte die Abschaffung der parlamentarischen Demokratie. Das war nur
durch eine Verfassungsänderung und daher durch Mitwirkung
des Reichstags möglich. Die für den 5.3.1933 anberaumte, mit
großem Propagandaaufwand vorbereitete und unter Behinde-
rungen der Linken durchgeführte Reichstagswahl ergab für die
Regierungskoalition von NSDAP und DNVP zwar eine knappe
absolute, aber nicht die für Verfassungsänderungen notwendige
Zweidrittelmehrheit (ca. 52 %). Das auf vier Jahre befristete
«*Gesetz zur Behebung der Not von Volk und Reich*» sah eine
eigene, auch verfassungsändernde Gesetzgebungskompetenz
der Reichsregierung vor, obwohl der Reichstag bestehen bleiben
sollte, ebenso der Reichsrat als Vertretungsorgan der Länder
und das Amt des Reichspräsidenten. Zeitlich begrenzte «Ermächtigungsgesetze» kannte schon die Weimarer Republik,
nicht jedoch solche mit derart offener Zweckbestimmung. In
der Hoffnung, dass jedenfalls die Grundlagen der Verfassung

respektiert würden, aber angesichts der im Parlament aufmar-
schierten SA auch aus Angst um Freiheit und Leben, ließen sich
die Abgeordneten der Zentrumsfraktion und der Liberalen dazu
bewegen, dem Gesetz am 24.3.1933 zuzustimmen. Nur die Sozialdemokraten lehnten es ab. Die kommunistischen Abgeordneten waren schon in Haft, geflohen oder untergetaucht. In einem legal zu nennenden Rahmen bewegte sich der Erlass dieses
Gesetzes nicht. Dem Regime aber diente es als eine pseudolegale
Fassade, hinter der die totalitäre Diktatur endgültig etabliert
werden konnte. Die Liste der für diesen Zweck erlassenen Gesetze und Verordnungen ist lang. Die «*Gleichschaltung der
Länder*» durch Gesetze vom 31.3.1933 und 7.4.1933 gipfelte in
der Aufhebung ihrer Hoheitsrechte durch Gesetz vom
30.1.1934 und der Aufhebung des Reichsrats am 14.2.1934.
Das Amt des Reichspräsidenten wurde nach dem Tode Hindenburgs mit dem des Reichskanzlers am 1.8.1934 «*vereinigt*» und
damit beseitigt. Der Reichstag trat nur noch selten und zu blo-
ßen Akklamationen, mehrfach auch zur Verlängerung des Er-
mächtigungsgesetzes zusammen, obwohl nicht einmal dessen
Garantien für den Fortbestand der wichtigsten Verfassungsin-
stitutionen eingehalten worden waren.

Die Entrechtung ganzer Bevölkerungsgruppen durch den
Staat lief bei den psychisch Kranken, bei Behinderten, bei Sinti
und Roma sowie den Juden auf ihre systematische Tötung hinaus. Es waren Vorgänge, die das Mordmerkmal der Heimtücke
erfüllten. Denn Mord auf Befehl eines Staatsoberhauptes gab
es zwar auch früher, im Gedächtnis des 20. Jahrhunderts aber
niemals als ein allgemeines Gesetz, dem erst Zehntausende,
dann Millionen zum Opfer fielen. Mit dem von Hitler bei Beginn des Zweiten Weltkrieges befohlenen «*Gnadentod*» Geis-
teskranker bewies das Regime seine Fähigkeit, mit vielen Hel-
fern die Tötung von über 100000 Menschen zu organisieren.
Provozierte diese auf dem Reichsgebiet durchgeführte und daher nicht gänzlich zu verheimlichende «Euthanasie»-Aktion
noch den offenen Widerspruch einzelner Repräsentanten der
Kirchen, so erstickte die Brutalisierung der staatlichen Maßnahmen im Laufe des Krieges jede Kritik. Schon der seit 1933 staat-

lich befohlene Antisemitismus mit dem Verbot geschlechtlicher Beziehungen zu Juden seit 1935 («Blutschutzgesetz») und deren zunehmende Diskriminierung im Arbeits- und Wirtschaftsleben führte trotz individueller Hilfe im Einzelfall zu einer kollektiven Abstumpfung gegenüber den Maßnahmen des Regimes und ermöglichte die physische Gewalt der SA gegen Synagogen und Juden in der Reichspogromnacht vom 9.11.1938. Auch Gegner des Nationalsozialismus blieben daher stumme Zuschauer, als in der zweiten Jahreshälfte 1941 die Transporte in osteuropäische Ghettos und dann in die Konzentrationslager einsetzten. Die Etappen des Holocaust sind hier nur anzudeuten: die Erörterung der «Endlösung» als Staatsaufgabe im Führungszirkel Hitlers, der Beginn mit planmäßigen Erschießungen im Baltikum, in Weißrussland und in der Ukraine nach dem Einmarsch der Wehrmacht seit dem 22.6.1941, der Massenmord in den Gaskammern der Vernichtungslager nach der Wannseekonferenz im Januar 1942. Eine große Zahl von Mittätern führten Hitlers nur mündlich gegebene Befehle aus. Trotz strikter Geheimhaltung gab es Mitwisserschaft vor allem in der Wehrmacht über die Erschießungen hinter der Front, jedoch bis zum misslungenen Attentat auf Hitler am 20.7.1944 keinen spürbaren Widerstand im Militär.

Das eigentlich Neue an den Massenmorden des Dritten Reiches ist nicht nur, wie oft betont, ihr – zum größten Teil – industrieller Charakter. Nicht weniger schwerwiegend und einzigartig ist die Entstehung und Realisierung solcher Mordprogramme unter der Autorität des Staates, also jener Institution, von der seit jeher jedermann angenommen hatte, sie diene in erster Linie dem Schutz des Lebens aller. Die Aufhebung dieses Prinzips durch ein nach Belieben in Anspruch genommenes Tötungsrecht des Staates war bis dahin unvorstellbar. Das entwaffnete die Opfer und blendete die Gutgläubigen. Erklärungsbedürftig ist dagegen der Vollzug der verbrecherischen Befehle des «Führers» durch Tausende von Staatsdienern. Der Hinweis auf autoritäre Strukturen und antisemitische Propaganda gerade in der deutschen Geschichte genügt wegen vergleichbarer Tendenzen in anderen Staaten gewiss nicht und setzt sich selbst dem Verdacht ideologischer, wenn nicht gar biologistischer Ressentiments aus. Auch von zunehmender Radikalisierung, wie sie Revolutionen eigen ist, möchte man nicht sprechen, weil sich Hitlers Deutsches Reich bald nicht mehr revolutionär, sondern im Gegenteil als Hort besonderer Ordnung zu präsentieren bemühte. Nach dem Kriege haben Juristen den vom herrschenden Rechtspositivismus geforderten Gesetzesgehorsam als Ursache der «Wehrlosigkeit» von Beamten und Soldaten beschworen. Die selektierenden Mediziner in «Irrenanstalten» und KZs wussten aber davon nichts und schon gar nicht werden sich die Angehörigen der mordenden Einsatzgruppen und KZ-Wächter Gedanken über die Rechtslage gemacht haben. Sie handelten nach dem Grundsatz, der auch in Kriegsverbrecherprozessen der Nachkriegszeit hundertfach zu hören war: man habe nur Befehlen gehorcht.

Warum glaubten die Täter fast durchgehend, sich so entlasten zu können? Der Mechanismus von Befehl und Gehorsam funktioniert nicht in einem organisationsfreien Raum, sondern stets nur unter stabilen institutionellen Bedingungen. Dazu gehören in erster Linie die Autorität und Macht des Staates. Der Staat aber hat seit dem konfessionellen Zeitalter und vollends seit der Aufklärung die für die Gesellschaft maßgebende Sozialethik in seine Obhut genommen. Er erlaubt und verbietet den Staatsbürgern mit Hilfe seiner Strafgesetze und Polizeihoheit, was sie tun und lassen dürfen, so wie in alten Zeiten Kirchengebote das Verhalten der Menschen regulierten. Mit dem Übergang der sozialethischen Kompetenz auf den Staat hat dieser zugleich auch die Macht erworben, neue Gebote zu erfinden. Dazu verhalf die menschenfeindliche Ideologie der «gesunden» und «rassisch» reinen «Volksgemeinschaft». Der seit Generationen eingeübte Respekt gegenüber dem Staat und seinen Entscheidungen reichte dann aus, auch Tötungshandlungen zu vollziehen, weil jetzt richtig war, was vordem verboten gewesen ist. Eine Bestätigung dieser Erklärung bieten die ausländischen Kollaborateure, besonders in den besetzten Gebieten Osteuropas, aber auch in westeuropäischen Staaten. Dass sie sich freiwillig für die Morde oder jedenfalls Polizeiaktionen gegen Juden zur Verfügung stellten, die sie unter ihren vormaligen Regierungen niemals geplant hatten, ist nur mit der Autorität der dort jetzt maßgebenden Staatsmacht zu erklären.

4. Der Weg zum Grundgesetz nach 1945

Der Zweite Weltkrieg fand ein Ende, wie seit Menschengedenken keines mehr gewesen war. Die deutsche Staatsgewalt war erloschen, fast ganz Deutschland von alliierten Truppen besetzt. Mit der Kapitulation der Wehrmacht am 8.5.1945 ging die Wahrnehmung aller Hoheitsrechte faktisch auf die alliierten Militärbefehlshaber über. Am 5.6.1945 gaben die Siegermächte nach der Verhaftung der letzten Regierung des Großdeutschen Reiches unter Admiral Dönitz in Flensburg die Übernahme der «supreme authority» auch förmlich bekannt. Im Potsdamer Abkommen vom 2.8.1945 vereinbarten die USA, die Sowjetunion und Großbritannien sowohl die schon einige Monate zuvor in Jalta entworfene Aufteilung des Landes in vier Besatzungszonen und die gemeinsame Verwaltung Berlins wie auch die Vertreibung der Deutschen aus den Ostgebieten des Reiches und deren Verwaltung durch Polen sowie Nordostpreußens durch die Sowjetunion. Eine unter Beteiligung Frankreichs für Deutschland insgesamt zuständige *Allied Control Authority* mit deutschen Staatssekretariaten sollte «the ... reconstruction of German political life on a democratic basis» auf den Weg bringen.

Darunter verstanden die vier gleichberechtigten und daher im Kontrollrat an das Einstimmigkeitsprinzip gebundenen Mächte aber Verschiedenes. Frankreich hielt an der während des Krieges aufgekommenen Idee einer Aufteilung Deutschlands in mehrere Staaten fest und legte gegen die Einrichtung deutscher Zentralverwaltungen sein Veto ein. Die Sowjetunion verstand Demokratie in einem sozialistischen Sinn und begann umgehend mit Enteignungen. Die Briten stellten auf dem Boden des aufgehobenen Landes Preußen zunächst die Gemeindedemokratie wieder her, die an den Bundesstaat gewöhnten Amerikaner setzten auf die frühzeitige Reorganisation der Länder. So nahm der verfassungspolitische Wiederaufbau in den vier Zonen einen unterschiedlichen Verlauf. In den von den Amerikanern regierten Ländern Bayern, Hessen und (Nord-)Württemberg-(Nord-)Baden kamen Beratungen über Verfassungen seit Februar 1946 in Gang, die noch vor Ende des Jahres durch Volksabstimmungen angenommen wurden. Die sowjetische Politik zog für die Länder ihrer Zone wenige Monate später nach, jedoch nachdem sie durch die Zwangsvereinigung von SPD und KPD zur *«Sozialistischen Einheitspartei Deutschlands»* (SED) im April 1946 eine *«führende»* Partei des Klassenkampfes geschaffen hatte, deren Politik die bürgerlichen Parteien, die CDU und die liberale LDP, im Rahmen der so genannten *«Blockpolitik»* folgen mussten. Die Landesverfassungen der französischen Zone traten 1947 in Kraft, die der britischen Zone noch später, teils erst nach dem Inkrafttreten des Grundgesetzes. Das Problem, inmitten zerstörter Infrastrukturen die lebensnotwendige Versorgung der Bevölkerung zu ermöglichen, hatte bald eine länderübergreifende Kooperation der deutschen Verwaltungen erzwungen. Die sowjetische Administration bevorzugte von Anbeginn eine zentralistische Planung, die 1947 zur Errichtung einer *«Deutschen Wirtschaftskommission»* führte. Briten und Amerikaner entschlossen sich 1946 zur Bildung eines *«Vereinigten Wirtschaftsgebietes»*, dessen schrittweise ausgebaute Verwaltung von den Ländern getragen wurde. Die Unvereinbarkeit der ökonomischen wie auch der verfassungsrechtlichen Ziele in Ost und West ließ schon bald eine von allen Alliierten gemeinsam getragene Deutschlandpolitik scheitern. Der Kalte Krieg begann.

Während unter der sowjetischen Besatzung die SED das Projekt einer sozialistischen Gesellschaft vorantrieb, kam es in den westlichen Besatzungszonen über die Zukunft deutscher Staatlichkeit und den Sinn und die richtige Form der Demokratie zu einer lebhaften, heute fast vergessenen Diskussion. Verbreitet war die Überzeugung, die Machtergreifung Hitlers beweise das Versagen des parlamentarischen Systems der Weimarer Republik, was Konsequenzen für das Verständnis der Demokratie haben müsse. In dieser dürfe es nicht nur um Abstimmungen und Mehrheiten gehen. Demokratie sei ein *«kunstvoller Organis-*

mus» (Eugen Kogon), sie erfordere einen «*Geist der Treue*» (Dolf Sternberger) und verlange von den Parteien, «*sich miteinander zu vertragen*» (Carlo Schmid). Besonders aus bürgerlichen Kreisen erschallte heftige Kritik am herkömmlichen Parteiwesen, das die Konfrontation von Interessengruppen und Weltanschauungen zur Folge habe. Für die in der Weimarer Republik erlebte Parteipolitik machte man das Verhältniswahlsystem verantwortlich. Nur das Mehrheitswahlsystem und damit die Persönlichkeitswahl entsprächen dem richtig verstandenen demokratischen Prinzip. «*Bedingung einer freien Demokratie*» sei eine durch «*Leistung, Verdienst, Erfolg*» ausgewiesene «*politische Elite*» (Karl Jaspers). Nicht geringeres Gewicht legten die zahlreich an dieser Diskussion beteiligten konservativen Autoren auf den Föderalismus, den einige im Naturrecht verankert sahen. Und nicht zuletzt war auch unter Konservativen der Glaube verbreitet, die Zukunft gehöre einem freiheitlichen Sozialismus, zumal christlicher Prägung, der an die Stelle des bisherigen Wirtschaftsliberalismus und Kapitalismus treten müsse. Mit großem Ernst versuchten sich Intellektuelle, die das Dritte Reich in Distanz, in Haft oder im Exil überlebt hatten, an Entwürfen für eine neue, gerechte politische und gesellschaftliche Ordnung.

Die politische Realität aber wirkte ernüchternd. Nicht nur die Tatsache der Teilung Deutschlands entzog der Diskussion prinzipieller Fragen den Boden, weil auf dem Territorium der drei Westzonen schließlich nur ein «Provisorium» zu organisieren war. Die gemeinsame Erfahrung einer beispiellosen Katastrophe hatte die in der Gesellschaft bestehenden politischen Gegensätze auch nur vorübergehend vergessen lassen. Nachdem die Westmächte im Frühjahr 1948 die Gründung eines Teilstaates auf dem Gebiet ihrer Zonen beschlossen und den westdeutschen Ministerpräsidenten den Auftrag zur Einberufung einer verfassunggebenden Versammlung erteilt hatten, traten im «Parlamentarischen Rat» Abgeordnete aus den schon bestehenden Landtagen zusammen, die von diesen entsprechend der Stärke der dort vertretenen Parteien entsandt worden waren. Fast die Hälfte dieser Parlamentarier hatte schon vor 1933 dem

Reichstag oder anderen gesetzgebenden Körperschaften ange-hört. Erhebliche politische Gegensätze traten daher zutage. Von einem geringeren Einfluss der Parteien, wie ihn die Publizis-tik so nachdrücklich gefordert hatte, konnte keine Rede sein. Die im Herbst 1948 begonnenen Beratungen in Bonn fanden nach der Prüfung des Verfassungsentwurfs durch die Westalli-ierten und Verhandlungen mit ihnen den Abschluss durch die Verkündung des Grundgesetzes am 23.5.1949.

Das Grundgesetz verstand sich als Antwort auf die Krise der Weimarer Republik und die Verbrechen des Dritten Reiches. Es entmachtete den Präsidenten, erzwang eine größere Regierungs-stabilität wie auch Parlamentsverantwortung durch Erschwe-rung des Regierungssturzes («konstruktives Misstrauensvo-tum») und entschied sich dafür, elementare Verfassungsprinzi-pien dem Zugriff des Verfassungsgesetzgebers zu entziehen: Bundesstaatlichkeit, Demokratie und Volkssouveränität, Sozi-alstaats- und Rechtsstaatsprinzip, Gewaltenteilung, Menschen-würde und Menschenrechte («Ewigkeitsklausel» des Art. 79 Abs. 3 GG). *«Es muß etwas geben, was auch einer Entscheidung durch Wahlen entzogen bleibt»*, hatte der Philosoph Karl Jas-pers schon 1946 vorsichtig zu bedenken gegeben. Nach der Er-fahrung mit dem nationalsozialistischen Regime war die Über-zeugung weit verbreitet, allem staatlichen Recht sei eine der Natur des Menschen zu entnehmende Naturrechtsordnung vor-gegeben. Mit dem Satz *«Die Würde des Menschen ist unantast-bar»* (Art. 1 Abs. 1 S. 1 GG) haben die Väter des Grundgesetzes daher einen mit dem Menschsein schon an sich verbundenen Rechtsstatus nur feststellen, nicht etwas Neues einführen wol-len. Das rechtsphilosophische Problem, wie aus einem solchen obersten Prinzip bestimmte Rechtssätze logisch abgeleitet wer-den könnten, war in den Hintergrund getreten. Erst später er-kannte man, dass die Rechtsanwendung selbst ein historischer, Wandlungen unterworfener Prozess ist. Aber mit dem Bekennt-nis zu *«unverletzlichen und unveräußerlichen Menschenrech-ten»* (Art. 1 Abs. 2 GG) hat sich der Parlamentarische Rat doch mit einer großen Geste zur europäischen Aufklärung bekannt, deren epochale Bedeutung für die moderne Gesellschaft bis heu-

te außer Frage steht (III. 5.). Dies umso mehr, als die Grundrechte «*Gesetzgebung, vollziehende Gewalt und Rechtsprechung als unmittelbar geltendes Recht (binden)*» (Art. 1 Abs. 3
GG) und mit dem Bundesverfassungsgericht ein wirksamer
Schutzmechanismus geschaffen wurde. Obwohl das Grundgesetz also nach einem einzigartigen historischen Niedergang
deutscher Geschichte entstanden ist und auf diesen reagieren
musste, hat es sich als ein ausgesprochen zukunftweisendes Ver-
fassungskonzept erwiesen – oder vielleicht gerade aus diesen
Gründen.

5. Verfassungswandel in Ost und West:
Die beiden deutschen Staaten

Die Deutsche Demokratische Republik

Die radikalste Veränderung der staatlichen wie auch der gesellschaftlichen Verhältnisse in Deutschland versuchte die 1949 auf
dem Gebiet der sowjetischen Besatzungszone errichtete DDR.
Sie spiegelte nach dem Vorbild der Sowjetunion den Versuch
wider, die seit der Aufklärung und dem Ende der alten Stände
offene Zukunft der sozialen Ordnung durch eine neue, nun wis-
senschaftlich, nämlich historisch begründete Objektivität zu
ersetzen. Die Lehre des «Marxismus-Leninismus» wähnte sich
im Besitz einer «wissenschaftlichen» Erkenntnis, nach welcher
der Staat und sein Recht den Entwicklungsstand der Produkti-
onsverhältnisse widerspiegeln und daher ein Instrument der
herrschenden Klasse seien. Demokratie vertrage sich daher mit
dem kapitalistischen Wirtschaftssystem nicht, sondern werde
erst mit dem Übergang der Macht auf die Arbeiterklasse Wirklichkeit. Da deren Partei, die SED mit dem Politbüro an der
Spitze, nicht gegen die Interessen ihrer Klasse handeln könne,
sei die zentrale staatliche Leitung und Planung der gesellschaftlichen Entwicklung unter Führung der SED Ausdruck wahrer
Demokratie. Die vor dem Übergang in die klassenlose kommunistische Gesellschaft notwendige Diktatur des Proletariats galt
daher als demokratisch legitimiert. Mit diesem Verfassungsden-
ken vertrugen sich die Prinzipien des liberalen Rechtsstaats

nicht, weder der Grundsatz der Gewaltenteilung noch die Idee
unveräußerlicher, jeder Staatsgewalt vorgegebener Menschenrechte (III. 5.). Dennoch lehnte sich der erste Verfassungstext
der DDR von 1949 weitgehend an das Vorbild des liberalen
Rechtsstaats an, indem er jedenfalls «*Rechte des Bürgers*» aufnahm (Art. 6 ff.) und den Grundsatz der Blockpolitik mit der
proportionalen Beteiligung aller Fraktionen an der Regierung
nur andeutete (Art. 92).

Die staatlichen Organisationsmaßnahmen nahmen auf den
Verfassungstext indessen keine Rücksicht. Schon 1950 wird das
Ministerium für Staatssicherheit gegründet, das im Laufe der
Jahre einen monströsen Überwachungsapparat aufbaute, der
die Meinungsfreiheit und jede Opposition unterdrückte. Seit
1952 tritt das zentralistisch gelenkte System der Bezirke an die
Stelle der Länder und wenig später findet auch die Autonomie
der Gemeinden ihr Ende. Das auf der Grundlage von Einheits-
listen gewählte Parlament aber, die Volkskammer, trat nur in
größeren Abständen zusammen, um einstimmig abzusegnen,
was die Staatsspitze dort vorzulegen für gut befand. Denn die
Diktatur des Proletariats verwirklichte sich im Prinzip des «*demokratischen Zentralismus*», der die absolute Verbindlichkeit
der Beschlüsse höherer Organe vorsah. Den tiefsten Eingriff in
die Staatsorganisation erlaubte sich Walter Ulbricht 1960, als er
einen «Staatsrat» mit umfassenden Kompetenzen ins Leben rief
und dessen Vorsitz übernahm. Das einflusslose Gremium diente
der Tarnung seiner persönlichen Machtstellung. Die Zuständigkeit des daneben bestehenden Ministerrats beschränkte sich nur
noch auf Wirtschaftsfragen. Doch seit der Abschließung des
Landes gegenüber der Bundesrepublik durch den Bau der Berliner Mauer 1961 und die lückenlosen Grenzanlagen von der
Ostsee bis zum Erzgebirge schien eine dauerhafte Stabilisierung
der DDR gelungen. 1968 endlich holte auch die Gesetzgebung
nach, was längst politische Realität geworden war. Eine neue
Verfassung bekannte sich ausdrücklich zum «*Grundsatz der
Leitung und Planung der Volkswirtschaft sowie aller anderen
gesellschaftlichen Bereiche*» (Art. 9). Eine «*sozialistische Men-
schengemeinschaft*» sollte entstehen. Nach Ulbrichts Rücktritt

als Parteisekretär 1971 versuchte die von seinem Nachfolger
Erich Honecker 1974 in Szene gesetzte Verfassungsrevision den
sozialistischen Charakter der DDR auch international dauerhaft abzusichern. Einerseits entfiel die in der Verfassung von
1968 noch betonte Zugehörigkeit zur «deutschen Nation», andererseits galt die DDR nun als *untrennbarer Bestandteil der
sozialistischen Staatengemeinschaft»* und *«für immer»* und
«unwiderruflich» mit der Sowjetunion verbündet.

Diese Verplanung aller Zukunft hatte nur ein Vierteljahrhun-
dert Bestand. «Für immer» aber hat sich die DDR in die deutsche Geschichte eingeschrieben durch die von ihrer Bevölkerung
eingeleitete und vollendete Revolution. Als ökonomische Probleme des sozialistischen Wirtschaftssystems seit 1985 in der
Sowjetunion und ihren Verbündeten Reformen erzwangen, verweigerte die Führung der DDR jede Veränderung ihres politischen Systems. Die wachsende Unzufriedenheit führte zur
Entstehung unabhängiger Gruppierungen, die sich dem bislang
vom Staate monopolisierten Thema Frieden und ökologischen
Fragen widmeten. Sie schlug sich zunehmend in Anträgen nieder, ausreisen zu dürfen, und kulminierte in kirchlich organisierten «Friedensgebeten», zumal seit der Aufdeckung von
Wahlfälschungen in der Kommunalwahl vom Mai 1989. Im
August suchten tausende DDR-Bürger Zuflucht in osteuropäi-
schen Botschaften der Bundesrepublik. Ihre Ausreise durch die
DDR löste in Dresden schwere Zusammenstöße aus. Die Unruhe nahm zu, als Ungarn am 11.9.1989 seine Grenzen nach Westen öffnete. In Leipzig ertrotzten sich immer mehr Menschen
eine faktische Demonstrationsfreiheit. Am 9.10.1989 wagte
dort die Staatsmacht nicht mehr, gegen rund 70000 Demon-
stranten polizeiliche oder Waffengewalt einzusetzen. Der Ruf
«Wir sind das Volk» stellte die «Volksdemokratie» in Frage.
Damit war ein Bann gebrochen. Massendemonstrationen in vielen Städten der DDR, auch in Ost-Berlin, folgten. Die Forderung nach Reisefreiheit erzwang am 9.11.1989 die Öffnung der
Berliner Mauer. Erste Schritte zur Schaffung rechtsstaatlicher
Verhältnisse und einer pluralistischen Parteiendemokratie folgten. Die für die Vereinigung der beiden deutschen Staaten ein-

tretenden Parteien errangen in den am 18.3.1990 durchgeführten freien Wahlen zur Volkskammer einen überwältigenden Erfolg.

Damit wäre der Weg frei gewesen für eine «*von dem deutschen Volke in freier Entscheidung*» zu beschließende Verfassung, mit welcher gemäß Art. 146 GG die Geltung des Grundgesetzes ein Ende gefunden hatte. Das wollten aber nur wenige. Die politischen Bedingungen waren andere geworden. Die Bundesrepublik mochte ihr bewährtes Verfassungssystem nicht in Frage stellen, die gewandelte DDR strebte danach, daran teilzuhaben. Und von der 1949 noch gegebenen Fähigkeit zum Verfassungskompromiss war in der politischen Öffentlichkeit 1990 nur noch wenig zu spüren. Daher besann man sich darauf, dass die damalige Fassung des Art. 23 GG den «*Beitritt*» weiterer «*Teile Deutschlands*» gestattete, eine Möglichkeit, von der 1957 das Saarland Gebrauch gemacht hatte. Schon am 18.5.1990 schlossen die beiden deutschen Staaten einen «*Vertrag über die Schaffung einer Währungs-, Wirtschafts- und Sozialunion*» und am 31.8.1990 den Einigungsvertrag über den Beitritt der DDR. Parallele Verhandlungen mit den vier Siegermächten beendeten durch den am 12.9.1990 geschlossenen «*Vertrag über die abschließende Regelung in bezug auf Deutschland*» («Zwei-plus-Vier-Vertrag») die de jure noch bestehende Existenz des Deutschen Reiches.

Die Bundesrepublik Deutschland

Eine auf unabsehbare Zeit möglichst dauerhafte Demokratie war auch das Ziel der westdeutschen Verfassungspolitik. Die Bundesrepublik bekannte sich in Erinnerung an die freiheitlichen deutschen Traditionen unter dem Schutz der Westmächte zur politischen Pluralität und parlamentarischen Demokratie. Aber indem sie in ihrer Verfassung Grundrechte und elementare Strukturen des Staates gleichsam auf ewig festgeschrieben hatte (V. 4.), beschränkte sie zugleich den Entscheidungsspielraum des demokratischen Gesetzgebers. Daraus erwuchs ein so nicht vorausgesehener Machtgewinn des Bundesverfassungsgerichts. Nicht nur seine breiten Kompetenzen für die Überprüfung der

Verfassungsmäßigkeit von Gesetzen, für Verfassungsbeschwerden der Bürger und für Streitigkeiten von Verfassungsorganen sind dafür verantwortlich. Das Gericht begreift die Grundrechte einerseits liberaler Tradition gemäß als Freiheitsrechte, andererseits aber auch als Wertordnung, namlich als die «*Gesamtheit der Wertvorstellungen ..., die das Volk in einem bestimmten Zeitpunkt seiner geistig-kulturellen Entwicklung erreicht und in seiner Verfassung fixiert hat*» (BVerfGE 7, 198 vom 15.1.1958 – «Lüth-Urteil»). Damit hat das Bundesverfassungsgericht die Grundrechte in den Rang einer allgemein verbindlichen Sozialethik erhoben, der eine «*Ausstrahlung*» auf «*alle Bereiche des Rechts*» zukommt und auch das Privatrecht nicht unberührt lässt. Gegenüber der ursprünglichen Konzeption des Grundgesetzes liegt darin ein Verfassungswandel, der sich bis in unsere Gegenwart hinein noch verstärkt hat und der Gefahr läuft, die freiheitliche Komponente der Grundrechte zu schwächen.

Ist damit im System der rechtsstaatlichen Gewaltenteilung ein Gewinn politischen Einflusses der Judikative zu Lasten von Legislative und Exekutive festzustellen, so haben sich gegenüber dem altliberalen Modell auch im Verhältnis von Regierung und Parlament die Gewichte längst verschoben. Wie noch niemals in der deutschen Geschichte sind Regierung und Parlamentsmehrheit politisch so eng verbunden, dass ohne Rücksicht auf die Fraktionszugehörigkeit getroffene Sachentscheidungen schon mit Verwunderung, wenn nicht gar als Anzeichen einer Krise zur Kenntnis genommen werden. Nicht mehr die Regierung und das Parlament stehen einander gegenüber, sondern Regierungskoalition und Opposition. Die Ursachen dieser Erscheinung, Fraktionszwang und Koalitionsverträge, sind dem Verfassungstext allerdings unbekannt. Dass die «*Parteien bei der politischen Willensbildung des Volkes*» «*mitwirken*» (Art. 21 Abs. I S. I GG), ist in modernen Staaten nicht nur unvermeidlich, sondern Bedingung politischer Meinungsbildung. Aber nicht zu übersehen ist der durch die Parteien bewirkte stillschweigende Verfassungswandel. Er liegt hier in der Entstehung rechtlich oder doch faktisch verbindlicher Normen im Regelungsraum der Verfassung, ohne dass diesen Normen eine verfassungsrechtliche Qualität zukommt: Abgeordnete werden von ihren Parteien verpflichtet, mit ihrer Fraktion abzustimmen, Parteien, Koalitionsabsprachen einzuhalten. Wie in jedem alternden Verfassungssystem bildet der Verfassungstext die Verfassungsrealität nicht mehr adäquat ab.

Das gilt auch für die Bundesstaatlichkeit der Bundesrepublik. Sie war nicht nur eine Auflage der Siegermächte, sondern auch ein leidenschaftlich vertretenes Anliegen besonders süddeutscher Politiker. Der Föderalismus ist ein Erbe der deutschen Geschichte. Im Deutschen Reich hatte er unter der Hegemonie Preußens gelitten. Nach der Neugründung von Bundesländern auf dem ehemals preußischen Territorium der Westzonen schien die Chance einer föderalen Entwicklung Deutschlands größer denn je. Tatsächlich aber haben sich seit der Gründung der Bundesrepublik zunehmend Tendenzen einer gemeinsamen Rechtspolitik durchgesetzt, denen gleiche soziale und ökonomische Probleme und Aufgaben zugrunde lagen. Der Bund nutzte daher konsequent die ihm im Grundgesetz eingeräumten Spielräume einer «*konkurrierenden*» und «*Rahmen*»-Gesetzgebung, und er führte im Wege einer Verfassungsänderung 1969 auch Gemeinschaftsaufgaben von Bund und Ländern ein, zu denen vor allem das Hochschulwesen gehörte. Erst die Föderalismusreform von 2006 hat diese Entwicklung einzudämmen versucht. Indessen haben die Bundesländer seit langem durch Konferenzen ihrer Ministerpräsidenten und Ressortminister selbst eine sachbezogene politische Zusammenarbeit gefördert. «Kooperativer Föderalismus» hat man diese gewachsenen Strukturen genannt. Größeres Gewicht gewann das jeweilige politische Profil der Länder dagegen durch die Mitwirkung an der Bundesgesetzgebung im Bundesrat. Seiner Zustimmung bedurfte bis zur Föderalismusreform mehr als die Hälfte aller Bundesgesetze, seitdem immerhin noch annähernd vierzig Prozent. So können sich die Länder vor einer finanziellen Überforderung durch Bundesrecht schützen. Aber in der politischen Realität hat sich der Bundesrat auch als ein Instrument der Opposition entpuppt, weil die Erfahrung zeigt, dass ihr zwischen den Bundestagswahlen die Ergebnisse der Landtagswahlen überwiegend zugute kommen. Daraus resultierte mehrfach die Notwendigkeit einer Kooperation der politischen Mehrheit im Bund mit jener der Bundesländer, was mit dem Prinzip der Bundesstaatlichkeit nichts mehr zu tun hat. Wohl aber mag man in diesem Mechanismus ein zusätzliches Element mittelbarer demokratischer Kontrolle der Bundesregierung erkennen.

Einen noch weitergehenden, am Wortlaut des Grundgesetzes bis 1992 nicht ablesbaren Verfassungswandel hat die europäische Integration nach sich gezogen. Am Anfang der Europa-Idee stand die Überzeugung, in Zukunft den Frieden des Kontinents durch Schaffung einer staatenübergreifenden Union zu sichern. Von Anbeginn gestattete daher das Grundgesetz dem Bund, «*durch Gesetz Hoheitsrechte auf zwischenstaatliche Einrichtungen*» zu «*übertragen*» (Art. 24 Abs. I GG). Hinter dieser lapidaren Norm verbarg sich ein grundlegendes Faktum der Entstehungsgeschichte dieser Republik: Mit der schrittweisen Aufhebung alliierter Hoheitsrechte ging die Westintegration der Bundesrepublik einher. An die Stelle besatzungsrechtlicher Souveränitätsbeschränkungen traten solche zwischenstaatlicher Art. Der Europagedanke, der allen beteiligten Staaten Souveränitätseinbußen zumutete, schien für die Zukunft des geschundenen Kontinents ohne Alternative. Und eine realistische Chance, zwischen der weltpolitischen Konfrontation der beiden Großmächte einen neutralen deutschen Nationalstaat zu etablieren, bestand niemals. Die erste Phase der Integrationspolitik mit der 1951 geschaffenen Europäischen Gemeinschaft für Kohle und Stahl und den Pariser Verträgen von 1954 samt Beitritt zur NATO 1955 erreichte ihren Höhepunkt in den 1957 geschlossenen Römischen Verträgen über die Errichtung einer Europäischen Wirtschaftsgemeinschaft. Aus ihr ging mit dem Abschluss des Vertrages von Maastricht 1992 die Europäische Union hervor, deren internes Beziehungsgeflecht seitdem ausgebaut wurde, zuletzt durch den 2009 in Kraft getretenen Vertrag von Lissabon. Die Bundesrepublik hat unter allen ihren Regierungen aktiv an diesen Prozessen mitgewirkt. Die Konsequenzen der europäischen Integration für das deutsche Verfassungsrecht versucht eine 1992 in das Grundgesetz eingefügte Vorschrift über die Mitwirkung der Bundesrepublik an der «*Entwicklung der Europäischen Union*» in doppelter Hinsicht aufzufangen (Art. 23 GG n. F.). Sie bemüht sich, mit Regelungen zugunsten des Bundesrates die drohende Beeinträchtigung des deutschen Föderalismus zu verhindern. Wichtiger noch, dass der deutsche Verfassungsgesetzgeber auch im Rahmen der europäischen Rechtsordnung auf der Verbindlichkeit des Demokratie-, Rechtsstaats- und Sozialstaatsprinzips, auf dem Grundsatz der Subsidiarität, auf einem dem Grundgesetz vergleichbaren Grundrechtsschutz und der Geltung der «Ewigkeitsklausel» beharrt (V. 4.). Das Bundesverfassungsgericht sieht diese Fundamente der Bundesrepublik bisher nicht gefährdet (BVerfGE 89,155 – Maastricht-Urteil; BVerfGE 123, 267 – Lissabon-Urteil).

Diese jüngste Entwicklungsstufe des deutschen Verfassungsrechts lässt sich mit der klassischen Begrifflichkeit der Staatslehre nicht mehr hinreichend beschreiben. Die Europäische Union ist weder ein Bundesstaat mit eigener Staatsgewalt in den Mitgliedstaaten noch ein bloßer Staatenbund mit nur völkerrechtlichen Bindungen. Das Bundesverfassungsgericht hat daher mit dem neu erfundenen Wort «Staatenverbund» der Tatsache Rechnung tragen wollen, dass einerseits den Organen der Europäischen Union eigene Hoheitsrechte zustehen und das europäische Gemeinschaftsrecht den nationalen Rechtsordnungen vorgeht, andererseits aber die Mitgliedstaaten alleinige Träger der Staatsgewalt sind. Damit ist eine eindeutige Aussage über den Inhaber der Souveränität nicht mehr möglich. Die Europäische Union ist eine einzigartige historische Erscheinung und somit auch bar jeglicher geschichtlichen Erfahrung. Großreiche der Vergangenheit verdankten ihren Erfolg stets einer vorherrschenden Nation. Europa aber will und kann nur ein Verbund gleichberechtigter Staaten sein. So erklären sich Konflikte von selbst. Doch zugleich hat die Europäische Union eine Erfolgsgeschichte geschrieben und mit einer immer größeren Zahl von Mitgliedstaaten Attraktivität bewiesen – in einer globalisierten Welt daher wohl doch ein Modell staatenübergreifender Zusammenarbeit, dem die Zukunft gehört.

Weiterführende Literatur

Epochenübergreifende Werke: Hans Boldt, Deutsche Verfassungsgeschichte, 2. Aufl., Bd. 1, 1990; Bd. 2, 1993; Wilhelm Ebel, Geschichte der Gesetzgebung in Deutschland, um Nachträge erw. Neudr. der 2. Aufl. 1958, 1988; Kurt G. A. Jeserich / Hans Pohl / Georg-Christoph von Unruh (Hrsg.), Deutsche Verwaltungsgeschichte, Bd. I–V, 1983–1987; Karl Kroeschell, Deutsche Rechtsgeschichte, Bd. 1, 13. Aufl. 2008; Bd. 2, 9. Aufl. (mit Albrecht Cordes und Karin Nehlsen-von Stryk) 2008; Bd. 3, 3. Aufl. 2001; Henning Ottmann, Geschichte des politischen Denkens, Bd. I–IV, 2001–2012; Wolfgang Reinhard, Geschichte der Staatsgewalt. Eine vergleichende Verfassungsgeschichte Europas von den Anfängen bis zur Gegenwart, 1999; Michael Stolleis, Geschichte des Öffentlichen Rechts in Deutschland, Bd. I–IV, 1988–2012; Uwe Wesel, Geschichte des Rechts, 3. Aufl. 2006; Dietmar Willoweit, Deutsche Verfassungsgeschichte. Vom Frankenreich bis zur Wiedervereinigung Deutschlands, 6. Aufl. 2009.

I. Innergesellschaftliche Anfänge: Das Recht und die Gerichte: Leopold Pospisil, Anthropologie des Rechts (engl. 1974), 1982; Simon Roberts, Ordnung und Konflikt. Eine Einführung in die Rechtsethnologie (engl. 1979), 1981; Uwe Wesel, Frühformen des Rechts in vorstaatlichen Gesellschaften, 1985.

II. Frühe Formen politischer Organisation im Mittelalter: Gerd Althoff, Die Ottonen. Königsherrschaft ohne Staat, 2. Aufl. 2005; Karl S. Bader / Gerhard Dilcher, Deutsche Rechtsgeschichte. Land und Stadt – Bürger und Bauer im Alten Europa, 1999; Harold J. Berman, Recht und Revolution. Die Bildung der westlichen Rechtstradition (engl. 1983), 1991; Ernst-Wolfgang Böckenförde, Geschichte der Rechts- und Staatsphilosophie. Antike und Mittelalter, 2. Aufl. 2006; Johannes Fried, Das Mittelalter. Geschichte und Kultur, 2008; Wilfried Hartmann, Kirche und Kirchenrecht um 900. Die Bedeutung der spätkarolingischen Zeit für Tradition und Innovation im kirchlichen Recht, 2008; Wilfried Hartmann, Der Investiturstreit, 3. Aufl. 2007 (EDG 21); Karl-Friedrich Krieger, König, Reich und Reichsreform im Spätmittelalter, 2. Aufl. 2005 (EDG 14); Jürgen Miethke, Politiktheorie im Mittelalter. Von Thomas von Aquin bis Wilhelm von Ockham, 2008; Ernst Schubert, Fürstliche Herrschaft und Territorium im späten Mittelalter, 2. Aufl. 2006 (EDG 35); Tilman Struve, Die Entwicklung der organologischen Staatsauffassung im Mittelalter, 1978; Stefan Weinfurter, Herrschaft und Reich der Salier, 1991; Stefan Weinfurter, Stauferreich im Wandel. Ordnungsvorstellungen und Politik in der Zeit Friedrich Barbarossas, 2002.

III. Deutsche Staatlichkeit im Heiligen Römischen Reich der Neuzeit: Peter Blickle, Unruhen in der ständischen Gesellschaft 1300–1800, 3. Aufl. 2012 (EDG 1); Heinz Duchardt, Deutsche Verfassungsgeschichte 1495–1806, 1991; Axel Gotthard, Der Augsburger Religionsfriede, 2004; Martin Heckel, Deutschland im konfessionellen

Zeitalter, 2. Aufl. 2002; Hans Maier, Die ältere deutsche Staats- und Verwaltungslehre, 1966, Neudr. 2009; Helmut Neuhaus, Das Reich in der Frühen Neuzeit, 2. Aufl. 2003 (EDG 42); Heinz Schilling, Konfessionalisierung und Staatsinteressen, 2007; Anton Schindling / Walter Ziegler (Hrsg.), Die Territorien des Reiches im Zeitalter der Reformation und Konfessionalisierung, Bd. I–VII, 1989–1997; Georg Schmidt, Geschichte des Alten Reiches. Staat und Nation in der Frühen Neuzeit 1495–1806, 1999; Thomas Simon, «Gute Policey». Ordnungsleitbilder und Zielvorstellungen politischen Handelns in der Frühen Neuzeit, 2004; Barbara Stollberg-Rilinger, Das Heilige Römische Reich Deutscher Nation. Vom Ende des Mittelalters bis 1806, 4. Aufl. 2009; Dietmar Willoweit, Rechtsgrundlagen der Territorialgewalt. Landesobrigkeit, Herrschaftsrechte und Territorium in der Rechtswissenschaft der Neuzeit, 1975.

IV. Der monarchische Verfassungsstaat des «langen» 19. Jahrhunderts: Hans Boldt, Deutsche Staatslehre im Vormärz, 1975; Manfred Botzenhart, Deutscher Parlamentarismus in der Revolutionszeit 1848–1850, 1977; Hans Fenske, Der moderne Verfassungsstaat. Eine vergleichende Geschichte von der Entstehung bis zum 20. Jahrhundert, 2001; Werner Frotscher / Bodo Pieroth, Verfassungsgeschichte, 10. Aufl. 2011 (1787–1949); Ernst Rudolf Huber, Deutsche Verfassungsgeschichte seit 1789, Bd. I–VI (bis 1918), 1957 ff., teils in 2. und 3. Aufl. vorliegend; Jörg-Detlev Kühne, Die Reichsverfassung der Paulskirche, 2. Aufl. 1998; Manfred Rauh, Die Parlamentarisierung des Deutschen Reiches, 1977; Gerhard A. Ritter, Der Sozialstaat. Entstehung und Entwicklung im internationalen Vergleich, 1991; John C. G. Röhl, Kaiser, Hof und Staat. Wilhelm II. und die deutsche Politik, 2. Aufl. 2007; Wolfram Siemann, «Deutschlands Ruhe, Sicherheit und Ordnung» – Die Anfänge der politischen Polizei 1806–1866, 1985; Hans-Ulrich Wehler, Das deutsche Kaiserreich 1871–1918, 7. Aufl. 1994.

V. Von der Demokratie zur Diktatur und zurück: Das 20. Jahrhundert: Wolfgang Benz, Von der Besatzungsherrschaft zur Bundesrepublik, 1984; Hans Buchheim / Martin Broszat / Hans-Adolf Jacobsen / Helmut Krausnick, Anatomie des SS-Staates, Bd. 1–2, 6. Aufl. 1994; Martin Broszat, Der Staat Hitlers, 10. Aufl. 1983; Saul Friedländer, Das Dritte Reich und die Juden, Bd. 1, 3. Aufl. 2007, Bd. 2, 2006; Christoph Gusy, Die Weimarer Reichsverfassung, 1997; Ulrich von Hehl, Nationalsozialistische Herrschaft, 2. Aufl. 2001 (EDG 39); Ernst Rudolf Huber, Deutsche Verfassungsgeschichte seit 1789. Bd. VII: Ausbau, Schutz und Untergang der Weimarer Republik, 1984; Jörn Ipsen, Der Staat der Mitte. Verfassungsgeschichte der Bundesrepublik Deutschland, 2009; Gunther Mai, Der Alliierte Kontrollrat in Deutschland 1945–1948, 1995; Diemut Majer, Grundlagen des nationalsozialistischen Rechtssystems. Führerprinzip, Sonderrecht, Einheitspartei, 1987; Horst Möller, Die Weimarer Republik. Eine unvollendete Demokratie, 2004; Herwig Roggemann, Die DDR-Verfassungen. Einführung in das Verfassungsrecht der DDR, 4. Aufl. 1989; Gerhard A. Ritter, Wir sind das Volk! Wir sind ein Volk! Geschichte der deutschen Einigung, 2009; Klaus Schroeder / Mitarbeit Steffen Alisch, Der SED-Staat, 1998; Gerhard Schulz, Zwischen Demokratie und Diktatur. Verfassungspolitik und Reichsreform in der Weimarer Republik, Bd. I–III, 1987–1992.

Personen- und Ortsregister